(Première Partie.)

HISTOIRE
POLITIQUE ET MUNICIPALE
DE LA VILLE
ET
DE LA COMMUNAUTÉ
DE MORLAIX,

DEPUIS LES TEMPS RECULÉS

JUSQU'A LA RÉVOLUTION FRANÇAISE,

PAR

G. LE JEAN,

MEMBRE CORRESPONDANT DE LA SOCIÉTÉ D'ÉMULATION DE BREST.

MORLAIX,

IMPRIMERIE DE V. GUILMER. — 1846.

A l'Administration

et aux Habitants de Morlaix

CHAPITRE Ier.

ORIGINES MORLAISIENNES.

« Morlaix » dit l'auteur latin de la description des deux Bretagnes (1) «est bâtie au pied d'un mont, dans une vallée profonde : elle est baignée par deux rivières qui y arrivent d'extrémités opposées, et vont se réunir vers le nord, aux eaux d'un bras de mer. » En termes moins vagues, cette ville est située au fond d'un entonnoir formé par trois vallées qui se rejoignent à angles aigus. Les ruisseaux qui viennent y affluer sont le Jarlo, le Queun, le Keffleut (2) : le premier et le

(1) Voici en entier le passage de Conrad de Salisbury : « Morlacum oppidum istuis (quæ Armorica dicitur) Britanniæ, quondam Julia appellatum ad radices Castri Cæsaris in crepidine montis situm ad imam vallem vergens, quod duo hinc indè fluvioli alluunt, in alveum aquæ marinæ ad septentrionem recepti. »

(2) Le Jarlo se nomme aussi Jaclot ou Trémorgan : le Keffleuc, Relec, Keleut, Keulent, etc.

dernier méritent seuls le nom de rivières. Descendus du versant septentrional des montagnes d'Aré, ils se grossissent des divers cours d'eau qui arrosent les communes de Lannéanou, Le Cloître, Plougonven, Plouigneau, Plourin, Plounéour-Ménez, Ste. Sève, Saint Martin et Pleiber-Christ : ils se rejoignent à Morlaix derrière l'hôtel de ville. Leur sillon, d'abord resserré par des hauteurs abruptes, se développe aux approches de Morlaix jusqu'à la largeur de 150 mètres, en même temps que leur cours devient plus lent et plus égal : leurs eaux vaseuses et ternes, mais très poissonneuses, atteignent un mètre et douze centimètres de profondeur, et sont sujettes à des crues fréquentes, sans éprouver de baisses très sensibles dans les grandes sécheresses. — Un troisième cours d'eau, sorti des marais du Queun, en Plourin, forme un bassin peu important, quoique profond, entre les deux premiers : c'est le torrent qui passe sous le prolongement de la rue de Paris et vient tomber au pont du Pouliet.

Les massifs de hauteurs qui dominent et environnent cet entonnoir, sont au nombre de quatre ; les deux plus importants à l'est et à l'ouest, se nomment hauteurs du Créou et de St. Martin ou du Château : les deux autres, au midi, sont les petits plateaux de Parc-an-Duc et de Kneguès. Aucun de ces groupes ne présente, à vrai dire, de points culminants : ce sont des ramifications plus ou moins secondaires des plateaux de Plouigneau, Plourin et Pleiber-Christ, qui viennent s'y terminer. Leurs caractères communs sont des crêtes légèrement arrondies, des flancs abruptes et sévèrement découpés : la carte de Cassini en retrace minutieusement tous les contours : nous y renvoyons pour les détails qui ne pourraient être bien compris sans un examen des lieux ou l'inspection de la carte.

Géologiquement parlant, le sol de Morlaix repose sur une formation schisteuse (schiste talqueux, ou talkschiefer) limité au midi par les quartzites de Parc-au-Duc et de Kneguès : on y trouve enclavés, à l'est, quelques lambeaux de grünsteins verts, au Pont-Pouliet, vers Coatamour : au nord, des eurites porphyriques (Coatserc'ho) (3). M. Le Hir, qui a étudié avec un soin particulier les terrains des environs de Morlaix, est arrivé à des conclusions toutes différentes de celles de M. de Fourcy : il a reconnu dans le terrain une grauwache schisteuse fossilifère, quoique le savant auteur de la carte géologique ait positivement affirmé qu'il n'y avait de grauwache dans ce département que dans le bassin de l'Aulne (4). D'après M. Le Hir, ce terrain qui commence à Carantec, au milieu des grünsteins, se développe à Pennelé, entre des stéaschistes quartzeux et des schistes talqueux, et est séparé de stéaschistes par une ligne qui passe à

(3) Carte géologique du Finistère, par M. E. de Fourcy, ingénieur de Mines : Paris, 1844. Vote du conseil général, 1835.
(4) Annuaire de Brest et du Finistère, 1839 : — Introduction à la carte géologique, Paris, Fain et Thunot, 1844.

la Madeleine, Bagatelle, Kvaon, le Merdy, le Pont-Hereau, Mur, Restigou, la Croix-Rouge et Kosar. Le schiste phylladien bleu borde les deux rives du chenal : le schiste conglomérat se montre sur le plateau des Ursulines, l'arkose sur les hauteurs opposées : le schiste bréchiforme poudingoïde à Kanroux, le quartz hyalin, à Pennelé, aux environs de Ploujean, sur les deux quais, etc. Enfin, les eurites se voient en un grand nombre d'endroits, à St. Charles, l'hôpital, Portzantrez, Pennelé, Coatserho, Kanroux, Troudoustein, Kscoff, Ploujean : on y reconnaît l'eurite granitoïde, l'eurite granito-porphyrique, l'eurite argileuse, l'eurite argileuse porphyrique, etc. Celles de l'hôpital et de Kscoff contiennent du manganèse. — Le calcaire se rencontre au Pont-Pouliet, à Pont-Pol, à Portzantrez, à Lannidy, à Kanroux, dans la rue du Pavé, sur la route de Carhaix en deçà de Plourin : mais il est en trop faible quantité pour être exploitable, et n'offre d'intérêt que comme accident géologique (5). Dans les terrains plus modernes, nous avons un banc assez puissant d'argile euritique dans la vallée de Troudoustein, exploité au village du même nom : et peut-être des tourbières exploitables, dans les coulées du Queun, de Trividy, de Portzantrez, de Cuburien et de Kanroux.

[5] Voyez *l'Echo de Morlaix*, 18 mars, 15 juillet 1843 : 1er mars 1845.

A quelle époque faut-il rapporter les premiers établissements réguliers qui se formèrent sur le petit territoire que nous venons de décrire? Sans recourir aux témoignages prétendus historiques, toujours au moins douteux quand il s'agit d'époques aussi reculées, on peut dire que l'histoire de Morlaix a commencé comme celle de la plupart de nos villes maritimes de Bretagne. Sa position avantageuse aura fixé l'attention des Celtes, ces premiers habitants de la Gaule, habituellement si clairvoyants dans le choix des lieux où ils établissaient leur demeure : puis la guerre, et le village Kymry aura été augmenté de quelques fortifications de bois et de terre : sous les Romains, *l'oppidum* aura reçu une bonne enceinte murée et un régime municipal : l'invasion bretonne aura détruit l'un et l'autre, et les *barbares* se seront campés dans un village de bois dominé par une grossière tour carrée, et après bien des siècles de luttes et de déchirements, il se sera formé à l'abri de la féodalité monacale et séculière, une bicoque crénelée qui pourra déjà, dès le douzième siècle, réclamer une large part dans l'histoire écrite et authentique de nos cités de Bretagne.

On nous objectera sans doute, que ce n'est là qu'un roman historique, que des conjectures et des inductions sans fait : mais n'est-ce pas encore vingt fois plus probable et par cela plus historique, que les milliers de fables orientales, troyennes, grecques, tyriennes et latines qui forment encore aujourd'hui les seules annales *authentiques* des quatre cinquièmes de nos cités avant l'époque féodale ? L'amour des fables en histoire et le patriotisme de localité réunis ont fait germer parmi nous des myriades d'historiens archéologues, race métisse de savants qui se sont évertués à *illustrer* les annales de la plus petite ville et du moindre clocher : et depuis Conrad de Salisbury jusqu'au chantre contemporain de Conan-Mériadec (6). La Bretagne a été plus que tout autre pays, défiguré par ces agréables héritiers de Tite-Live. En marchant sur leurs traces, nous pourrions dire que Morlaix se nommait Port-Stalliocan, sous les Celtes (6), et Julia sous les Romains (7), quoiqu'il soit prouvé que la première de ces positions existait à Porz-Liogan, près le Conquet, et que la seconde n'a jamais existé que dans l'imagination d'un chroniqueur anglais : nous pourrions ajouter que l'ancien château fut bâti par César (8), auquel il n'est pas de masure un peu antique en France qui ne prétende rapporter son origine. Nous dirions que 72 ans après l'ère chrétienne, Drennalus, disciple de Joseph d'Arimathie, vint y annoncer le christianisme après avoir évangélisé la Bretagne insulaire (9) : et nous terminerions en disant que Maximus Clemens et Conan-Mériadec y passèrent en marchant

---

(6) Albert le Grand, vie de Ste. Ursule

(7 et 8) Conrad de Salisbury, l. IX, ch. 56, v. plus haut, p. 1.

(9) Idem, ibid. — Huic Drennale, majori Britanniæ veniens, christi fidem prædicavit, Lexobiæ postea præsul effectus.

à la conquête de l'empire, et même que le premier passa une nuit au manoir de l'Armorique, à 5 milles de là (10).

En rejetant, comme nous le devons, ces fables indignes de la sévère impartialité de l'histoire, examinons l'une après l'autre quelques questions qui se présentent naturellement ici. D'abord, Morlaix existait-il sous les Gallo-Romains ; et s'il existait, quel nom portait-il ? Un ancien auteur, dont le nom nous échappe, s'est prononcé pour l'affirmative, et a indiqué Vorganium, que Ptolémée nous donne pour capitale des Osismes : on sait que cette dernière peuplade occupait, avec six ou sept tribus secondaires, tout le territoire connu plus tard sous les noms de Cornouaille, Léon, Tréguier et Goëllo. — Ce nom de Vorganium mérite un sérieux examen. Si on le confond, comme l'ont fait presque tous les auteurs, avec Vorgium-Osismorum, il faut de toute nécessité le placer à Carhaix : les itinéraires romains et l'examen des voies romaines actuellement existantes ne permettent pas d'en douter. Si on regarde ces deux noms comme distincts, on peut, en se fondant sur le nom de Vorganium ou Morgan (*maritime :* le changement de l'm en v est très familier aux Bretons bretonnants), placer cette ville à Concarneau (11) : nous préfèrerons Morlaix, non

(10) Cambry, t. I. — Ogée, t. II, v. Morlaix.
(11) Walckenaër, géographie de l'ancienne Gaule.

seulement à cause des ruines romaines trouvées récemment à Kanroux, des restes de fortifications également romaines, signalées à Morlaix même, des médailles du même peuple qu'on y a découvertes, mais encore par la raison qu'en remontant le Jarlo environ une lieue, on retrouve un très ancien village situé dans la vallée et appelé pour cette raison Tromorgan-an-Disheol (Val-Morgan-l'Abrité). Ce village, que Cassini nomme Trémorgan, d'où vient le nom de Trémorgan également donné au Jarlo, n'aurait-il pas reçu le sien, dont on ne retrouve aucun équivalent dans l'arrondissement, du moins que nous sachions : ne l'aurait-il pas reçu, disons-nous, de la cité gallo-romaine qui s'élevait à peu de distance ?

Quoi qu'il en soit, les Celtes ne semblent guère avoir affectionné cette localité : pour trouver des pierres druidiques, il faut aller à Plouigneau, à Garlan, à Lanmeur, à Guimaëc, à Plougasnou : un tumulus à Plouégat-Guerrand : un simulacre de pierre branlante à la Croix-Rouge : un curieux menhir au Guerlesquin. Des fouilles faites dans un tumulus de Lanmeur, ont donné des armes, des cendres, des urnes funéraires. Deux tombeaux curieux ont été découverts à Plouégat-Guerrand (Coëtcoëzer). — Les Romains y ont laissé quelques traces, outre celles que nous avons mentionnées : une enceinte ou camp, à l'extrémité de Plouigneau, appelé le Château-Invincible (Castel-Dynam) : des briques, des fragments de poteries remarquables, au château du Guerrand : une ruine au Ponthou, dont la maçonnerie est indubitablement romaine (ar C'hastel) : à Locquirec, des briques, du ciment, des tombes, des squelettes, des armes, des monnaies romaines de peu de valeur.....

A ces époques reculées, le territoire sur lequel est bâti Morlaix, appartenait concurremment aux Osismes et aux Lexobies, peuplade dépendante de la première et qui possédait le Trécorrois actuel, moins les côtes de Perros à Pleubihan (12). Le Douron, qui sépare aujourd'hui l'arrondissement de Lannion du nôtre, se nommait Menuvius : la vallée spacieuse qui l'encaisse, alors plus basse qu'aujourd'hui, permettait aux eaux de la Manche de remonter jusqu'au pic des hauteurs de Lanvizinec (la lande de goëmon) : aujourd'hui le terrain s'est exhaussé, et l'on peut suivre depuis le Moulin blanc jusqu'à Moualc'hic un longue bande d'alluvions (13) recouverte d'une légère couche végétale quelquefois tourbeuse. A l'embouchure, les Romains avaient un corps de garde, peut-être même cette position était Menuthias, ville de garnison indiquée dans la notice de l'empire (14). La localité qui

---

[12] M. Leclech, à Plougasnou, a trouvé à Locquirec, une médaille lexobienne, avec légende : *Civitas Lexobiensis*. — M. de la Pylaie a levé, à Coz-Yeaudet, près Lannion, le plan de Lexobie.

[13] Sable et cailloux roulés.

[14] Selon divers auteurs, à Ploumanak, près Perros, à Matignon, à S. Mahé-Finistere, etc. Ces solutions sont très peu satisfaisantes.

nous occupe ne s'étendait alors qu'à l'est du Keffleut, et appartenait conséquemment aux Lexobies. A l'ouest végétaient quelques principautés soumises aux Romains, mais conservant leurs souverains nationaux comme le petit royaume de Cottius dans les Alpes, et de nos jours, quelques chétives républiques (15).

Après quatre siècles et plus, passés sous la domination romaine, l'Armorique vit arriver par bans nombreux les bretons insulaires, exilés volontaires ou forcés, la chose est restée indécise. Tout ce que l'on sait, c'est que tous ces nouveaux colons, d'abord contents de l'humble désignation de *Létes* (colons soumis aux Romains), détruisirent, le sabre en main, l'autorité romaine dans ce pays auquel ils imposèrent leur nom : démantelèrent ou ruinèrent les cités galloromaines, exterminèrent les indigènes ou tout au moins les rejetèrent dans l'intérieur, se réservant la riche bande du littoral. L'histoire pittoresque de la monarchie bretonne n'a été jusqu'ici présentée que sous un faux jour, par nos historiens nationaux, aveuglés par le système routinier qui les portait à peindre les temps anciens avec les couleurs qui convenaient au nôtre. Il faut en convenir, quoique notre amour-propre national puisse souffrir de cette peinture peu flattée de nos ancêtres, ils n'étaient guère plus civilisés que les hordes germaniques qui les avaient ex-

(15) Albert le Grand, édition Kerdanet. — Cet auteur, et surtout son commentateur, y ont mêlé un très grand nombre de fables.

pulsés : guerriers rapineurs, demi-vandales, redoutables en guerre et prêts à s'entre-déchirer pendant la paix : plutôt campés qu'établis sur le sol qui les nourrissait ; à cheval, s'il nous est permis de parler ainsi, sur l'océan britannique, passant en essaims innombrables du continent dans l'île, de l'île au continent, comme des oiseaux voyageurs, suivant que tournaient le vent et la victoire ; et cependant par une bizarre anomalie, combattant jusqu'à extinction de population pour ce sol auquel ils tenaient si peu : on croit lire, dans les écrivains contemporains, l'histoire d'un de ces peuples américains dont Cooper nous a retracé la physionomie presque effacée. C'était un peuple à demi païen, sauvage et indocile troupeau pour les nombreux missionnaires qui venaient de l'île de Bretagne évangéliser leurs compatriotes : ils y fondèrent une église isolée comme eux du reste de la chrétienté, moitié catholique, moitié pélagienne, qui ne rentra qu'avec assez de difficulté dans l'église gauloise et romaine. Le gouvernement des Bretons fut d'abord monarchique, puis pentarchique, puis encore un, puis finalement heptarchique, gouvernement auquel succéda la conquête franche. Malgré les savants mémoires de Gallet, une obscurité sans égale est restée répandue sur ces personnages demi-fabuleux, et que l'on croirait presque calqués sur les sept premiers rois de Rome. Conan-Mériadec (16), maître du pays qui s'étend de

(16) Conan, Caunas, Cyn ou Cynan : Méréadoc, Megriadog,

Cantiguice (Nantes) au mont Jou (mont Dol) et au promontoire de l'occident, bâtit un château sur les limites de la paroisse de Ploec-Kolm (Plougoulm), sur le fleuve Guillidon, aujourd'hui le Guilliec, et y fit sa résidence ordinaire. Après sa mort, le royaume fut démembré : le Kornwall ou Cornouaille, la Domnonée ou Bretagne septentrionale, les pays de Rennes, de Vannes et de Nantes s'érigèrent en principautés séparées. La guerre civile s'alluma, les Romains dévastèrent le littoral, les Alains, les Wisigoths, les Hyberniens, les Saxons, les Francs et les Frisons assaillirent le pays, et finalement Hoël, roi de Domnonée, fut obligé de passer la mer à la tête de sa tribu : il se réfugia en Cambrie. (509.) Quatre ans après, il retourna dans ses foyers suivi de ses 15,000 guerriers, et prit une éclatante revanche sur les Frisons qui avaient ravagé la Bretagne pendant onze ans, et qui, gorgés de butin, s'étaient retirés au nombre de 50,000 hommes, à Carantec, à trois lieues de Morlaix : Hoël y débarqua et tailla complètement en pièces l'armée envahissante, commandée par Korsold. Après avoir fait élever sur le théâtre de sa victoire une chapelle que la tradition place dans l'île de Callot (17), le jeune

---

Murdoch, Mériadec : fils de Waranton, roi d'Alcluta, en Calédonie.

(17) Voici l'inscription actuelle de N.-D.-de-Callot : — « Elle fut fondée l'an 502 en mémoire de la victoire obtenue par l'intercession de N. D., dans l'endroit même où Corsolde, général des

vainqueur réunit toute la Bretagne sous sa domination, et régna trente ans avec le plus grand éclat.

C'était alors l'époque héroïque des Bretons de l'Armorique et de ceux de la Cambrie, commandés par l'immortel Arthur, le chef poétique et fabuleux de la Table-Ronde. Les rapports étaient au mieux entre les deux nations : de fréquents échanges s'opéraient à travers la mer, et c'étaient pour la plupart des prêtres ou des solitaires qui allaient évangéliser les deux pays, également sauvages et remplis de souvenirs des cultes anciens. S. Samson quittait le territoire de Plougasnou et le petit hameau qui porte son nom, pour aller convertir la Domnonée insulaire : quelques années après il fondait un monastère à Lan-Mur (la grande église) et l'appelait Kfeunteun, du nom de celui qu'il possédait près de Dol : St. Quirec arrivait à l'embouchure du Douron et y fondait une abbaye avec les débris des habitations romaines qui y existaient avant lui : puis, passant « le Keffleut à Morlaix, » disent les légendaires, il allait s'établir à Ploudaniel, dans la vallée de Traon-Guevroc. En même temps les circonscrip-

Danois, avoit sa tente, ou il s'étoit retranché, après avoir pillé le pays de Léon, et où enfin il fut forcé et son armée taillée en pièces par le prince Rivallon-Murmaczon. Elle a continué depuis à être une chapelle de grande dévotion et fort fréquentée. Réédifiée à différentes époques et notamment par le soin de M. Y. Nedellec, curé de Carantec, et bénite le 24 avril 1808, par M. F. Laot, recteur de Taulé. »

tions territoriales se dessinaient mieux, entées sans doute sur les anciennes divisions gallo-romaines, de *clans* et de *cités* : St. Pol Aurélien devenait évêque de Léon, St. Tugdual, évêque de Tréguier : on comptait quelques paroisses, Plou-Kolm (Plougoulm), Lan-Mur (Lanmeur), Plouigneau, Locquirec (église tréviale), Cléder ; Lanmeur s'érigeait en évêché (18). Outre les routes pavées dont les Romains avaient sillonné la péninsule (l'une d'elles conduisait de Morlaix à Carhaix, une autre de Carhaix à Lexobie), les Bretons avaient tracé quelques chemins peu importants entre les localités d'une illustration récente : une de ces voies, qui menait de Carhaix à Lanmeur, est encore reconnaissable sur la traverse de Plouigneau, et la partie méridionale sert aujourd'hui de route vicinale de Plouigneau à Lannéanou.

Voilà à peu près où en étaient les choses, quand Hoël le grand mourut : la pentarchie se rétablit et la guerre civile éclata. Conan II (19) poignarda ses frères : Judwal, fils de l'aîné de ces malheureux princes, fut sauvé et caché à la cour de Childebert, roi des Franks neustriens. A la mort de celui-ci, Clothaire, son frère et son héritier, furieux contre son fils Chramne et

(18) Cet évêché s'est fondu plus tard dans celui de Dol, dont Lanmeur est resté archidiaconé jusqu'à la révolution. Les tombeaux des évêques étaient à Rupeulven, disent quelques-uns : à l'Hospital-Pell, dit Albert-le-Grand en 1637.

(19) Aussi nommé Conobert, Comorre, Canao, Conobre. etc.

contre le roi des Bretons qui lui avait donné asile, marcha sur la péninsule avec 15,000 hommes et le jeune prétendant dont il comptait se servir pour armer les Bretons les uns contre les autres. Effectivement, en entrant sur le territoire armorikain, il se vit à la tête de 60,000 hommes aisément recrutés parmi les Gallo-Romains, hostiles à la race insulaire : et il s'avança vers le Léon en commettant les dégâts les plus violents, même sur les terres alliées. Conan II se porta à sa rencontre avec 50,000 guerriers de bonnes troupes, parmi lesquels se trouvaient quelques bandes de pirates northmans débarqués à Douarnenez. La Basse-Bretagne entière s'était réunie sous ses bannières, à l'exception du clergé que Conan avait molesté assez vivement durant les années de son règne : le métropolitain de Dol suivait l'armée d'invasion et priait pour ses succès.

On se rencontra près de Morlaix, dans les vallons boisés où s'élevait une abbaye de récente construction, appelée Ger-ber (courte parole) : on l'avait ainsi nommée parce que l'on y pratiquait la règle du silence. Un combat sanglant, qui dura deux jours, n'amena aucun résultat : les deux armées se séparèrent, et Conan II, rentré dans sa tente, engagea Chramne à ne pas se montrer le lendemain sur le champ de bataille. « Combattre ton père, lui dit-il, est pour moi un devoir, pour toi c'est peut-être un crime. Crains que cette action n'ait pour toi quelque suite funeste : il suffira que tu t'abstiennes demain, je pourrai seul commander mon armée. » Chramne refusa, par un sentiment d'honneur : « Je t'ai attiré cette guerre, lui dit-il, je ne t'abandonnerai point à l'heure du danger. »

La mêlée recommença le lendemain avec autant de fureur que la veille et resta quelque temps indécise. Le vieux roi, du milieu de ses Franks, priait et appelait à haute voix le ciel à témoin contre le *nouvel Absalon*. Pendant ce temps, sa cavalerie mettait en déroute l'infanterie légère des Northmans ; et la fuite de ces derniers en découvrant les guerriers bretons qui combattaient encore, ruina de fond en comble les dernières espérances de Conan. L'indoptable fils d'Hoël courut les rallier, et ce mouvement qui fut pris pour une fuite, découragea totalement les siens : pour les retenir, il planta sa bannière en terre, soutint encore deux heures la furie de l'ennemi, et tomba de cheval la gorge percée d'une flèche qu'il renvoya, en expirant, à celui qui la lui avait lancée. Sa mort compléta la déroute : les Bretons furent sabrés, les Northmans assommés par les habitants des campagnes voisines, irrités de leurs déprédations précédentes. Chramne voyant la bataille perdue, s'enfuyait vers le port voisin (sans doute Morlaix), où il avait eu la précaution de faire préparer des vaisseaux : mais revenu sur ses pas pour dégager sa femme et ses enfants, il fut saisi par les vainqueurs, lié avec sa famille sur des escabelles dans la cabane d'un montagnard, et sur l'ordre exprès du vainqueur, tous ces malheureux périrent dans les flammes (560).

Le nom funèbre de Brank-Hallek (branche de saule) est resté à la plaine où tant de sang coula : entourée de sépultures, l'abbaye reçut la nouvelle appellation de Relec (reliques) qu'elle a porté depuis ; et près du village de Mengleuz on voyait encore, il n'y a pas trente ans, une pierre schisteuse bleue et plate, sans inscription, que l'on appelait dans le pays la pierre tombale de Comorre. — Les suites de ce désastre furent fatales à la Bretagne : en rendant à Judwal l'héritage ensanglanté de ses pères, le roi frank se fit la part du lion, et les territoires de Dol, Rennes, Nantes, Vannes, détachés de la pentarchie, furent ajoutés au royaume neustrien, sous le titre de « marche ou frontière bretonne. »

De Clothaire à Charlemagne, cette marche devint une sorte de territoire neutre où les deux nations rivales s'exercèrent deux cent vingt ans, avec des succès très variés. L'indomptable Waroch usa vingt armées ennemies dans ces guerres de *chouans* auxquels ce pays a toujours été favorable : Allain II, son digne héritier, regagna l'intégrité de son petit royaume par la victoire décisive d'Aillon, et quelques règnes glorieux s'ensuivirent : mais en 690, l'heptarchie s'organisa sur les ruines de l'unité nationale, et l'état, déchiré par les dissensions civiles, déclina rapidement vers sa perte.

En 792, Méliau, roi de la Domnonée, fut égorgé par son père Rivod, qui voulut s'emparer de la tutelle de Melar, fils de la victime, et n'ayant pu y réussir, chercha à le faire périr par le poison. Cette seconde tentative ne lui ayant pas mieux réussi, il lui fit couper la main droite et le pied gauche, mutilation qui, dans les idées de cette époque primitive et guerrière, entraînait une incapacité de régner. Mélar fut alors envoyé par sa mère à Quimper, et Rivod, qui avait échoué dans ses tentatives auprès des grands vassaux pour obtenir la couronne, crut vaincre toutes les résistances en faisant poignarder son neveu. Celui-ci prévenu par la mère d'un de ces misérables, quitta Quimper et se retira à Lanmeur, chez un comte du lieu nommé Comorre ou Conan, qui lui donna un asile dans son château de Beuzit (20). Les sicaires de Rivod découvrirent sa retraite, l'attirèrent à Lanmeur sous un prétexte supposé et l'y poignardèrent de nuit. — Dans une très ancienne maison, en face de l'église, est un appartement auquel les Bretons ont donné le nom de chambre du *saint* : c'est ainsi qu'ils appellent Mélar. Son tombeau, élevé dans l'église paroissiale, n'existe plus aujourd'hui : l'église et la ville même ont conservé le nom de Mélar, que celle-ci ne porte toutefois que dans de vieilles chroniques (21).

(20) Ou la Boissière, près Rumarc : détruit vers le temps de la ligue.

(21) Voyez pour la légende, Albert le Grand : pour la tradition

Dès 786, Charlemagne avait profité de ces divisions pour conquérir la Bretagne, qui, saignée à blanc par ses nombreux tyranneaux, résista dans cette dernière lutte avec une énergie furieuse. « Encore un pareil triomphe, disait le futur César, après sa quatrième victoire, et je n'ai plus de soldats. » De nouvelles insurrections, que l'empereur ne put étouffer, rendirent aux *barbares* du promontoire leur liberté antique : mais ce succès ne fut que momentané. Jarnithyn mourut, Morwan fut tué dans une escarmouche à Brlec : Wiomarch, après avoir fait quelques années la guerre de guerilla, fut surpris comme Stofflet dans une maison particulière, et massacré par le comte des Marches, (824). Plus habile et non moins brave, Nomin-Oë mit vingt ans à préparer l'immortelle journée de Ballon (22), où 20,000 Bretons détruisirent une armée double de la leur (Novembre 845). Certes, quoiqu'en aient écrit les historiens français, il ne s'avançait pas trop après un pareil succès en prenant le titre de roi : il ravagea d'ailleurs sans obstacle le royaume de son rival, et mourut devant Vendôme (851). Son digne fils Hérisp-Oë ou Ylysp-Oë (23) rem-

locale, M. de Kerdanet. — La vie de St. Melar ou Melaire, a été écrite par S. Arrel, prieur de Kernitron, doyen de Lanmeur: Morlaix, G. Allienne, 1627.

(22) Voyez dans le *Dictionnaire d'Ogée*, édition Marteville, l'excellente dissertation sur le lieu où se livra cette bataille, notre journée de Bouvines (v. Bains).

(23) Cette particule, dont nous ignorons la signification, est très

porta devant Redon une victoire encore plus décisive que celle de Ballon : Charles le Chauve faillit y périr, et se hâta d'abandonner à son vainqueur ses droits sur la Bretagne. Le règne de Salomon III, glorieux sur tous les points, complète cette éclatante triade, à laquelle succéda l'anarchie (875).

Et cependant le pays souffrait : les Northmans montraient déjà sur les côtes armorikaines les couleurs lugubres de leurs étendards mystérieux. Du champ de bataille de Ballon, Nomin-Oë accourut dans le Léonais qu'ils dévastaient, et se fit battre trois fois de suite : sa cavalerie légère devenait inutile dans ce pays montagneux. Il acheta leur retraite à prix d'argent. Le fameux *roi de mer*, Hastings le Champenois, avait pris et brûlé Lexobie, en 836. (24) : Il fut plus tard

fréquente dans les noms bretons de cette époque (v. les preuves de D. Morice).

(24) Voici les détails vrais ou poétiques donnés sur cet évènement par la complainte trécorroise :

    Hasterin a deüas gant listri
    A Zanemarck da Lexobi,
    Ag en deus y assieget
    Gant pevar mil a zoudardet.

    Gloar d'ar Verches a Goz-Yeodet,
    Melodi d'e mab biniguet !

    Nao mis e oa neuze gante
    O clasq abordi varneze :
    Pa n'elle quet antren enni,
    En deus concluet e zevi. -- Gl.

    An habitantet eus a guer
    Pa en eur voeljont en danger,
    O deus sonjet en em renta,
    En esperanç treti ganta. -- Gl.

moins heureux ou moins brave devant Rennes, où le comte Wrfand, avec 1,000 hommes seulement, tailla par deux fois en pièces l'armée assiégeante, forte de 30,000 guerriers (875). Ce fut probablement cette année que furent ruinés les monastères de Batz et de Locquirec, ainsi que l'édicule primitif de Callot, et le monastère de St. Samson à Lanmur-Meler : du moins nous n'en entendons plus parler après cette époque.

Ces ravages se continuèrent les années suivantes avec d'autant plus de facilité que les deux comtes du pays se déchiraient entre eux. Ils ouvrirent enfin les yeux, et le premier fruit de leur réunion fut l'éclatante victoire de Questembert, où périrent 14,600 pirates, dont on retrouve encore aujourd'hui les tombeaux dans les plaines voisines de Limmerzel. Leur successeur, Mathwed-Oë, trouva plus commode d'émigrer dans la grande Bretagne : Juhaël-Béranger, pendant ce temps, passait sur le ventre, à Trans, aux 18,000 guerriers de Guillaume-longue-Épée, le fier héritier de Rollon de Normandie (931).

Ce coup d'éclat faillit coûter cher au patriote Juhaël :

Hasterin, an tirant cruel,
Evel ma antroas en ker,
A gommanças da vassacri
Ar gristenien dre m'o c'hifi. — Gl.

Goude a pillas an oll vadou,
Deus an ilis an tensoriou
Nemet relegou Sant Tual
Ec'h ejont oll gant an dud fall. — Gl.

écrasé par des forces supérieures, il se trouva fort heureux de conserver la Basse-Bretagne et vint à Lanmur-Meler (Lanmeur) établir un simulacre de principauté indépendante : en 936, disent les actes, il y tenait sa cour avec ses barons et la fleur de sa noblesse. Les Normands de la Seine et les pirates vikings occupaient cependant, à petit bruit, les divers points de la péninsule. Tous les ans, une armée passait le Couësnon, ravageait le pays dolois, et rentrait, chargée de butin, dans ses propres frontières : un chroniqueur comptait jusqu'à neuf de ces razzias successives, exécutées sur le pays de Dol seulement.

Les armées d'invasion furent contenues, et les corps d'occupation exterminés dans quatre grandes batailles, par le fameux Allain Barbetorte : « Le grand pieu qui fermait l'entrée de la Loire est renversé, » disait après la mort du héros, son épouse désolée. Il donna aux Bretons le secret et l'exemple d'une attitude calme, fière et puissante en face des monarchies secondaires qui s'élevaient à côté d'eux. Les fruits immédiats de ce système furent une autonomie complète, et plus tard la centralisation entre les mains d'un seul comte de la puissance politique : elle fut exécutée par le comte Geoffroy, vainqueur de la haute féodalité bretonne (995 et suivants).

On sait combien était profonde, à cette époque, la croyance que la fin des temps devait s'accomplir en l'an mil : quand la fatale année fut écoulée, le terme ne sembla qu'ajourné, et la terreur universelle ne se dissipa que fort longtemps après. Le secret de cette terrible et mystérieuse préoccupation se révèle dans un acte curieux du onzième siècle, et dont voici la teneur :

« La fin du monde annonce son approche par des signes fréquents et multipliés prédits par le Seigneur. Les nations se lèvent contre les nations, les royaumes contre les royaumes, et il y a de grands tremblements de terre. Or, moi Berthe, par la grace de Dieu, comtesse de toute la Bretagne, et mon fils Conan, effrayés de ces prodiges et surtout de la mort de mon bien aimé seigneur Alain, illustre comte et père de ce mien fils Conan, mort qui nous a été annoncée hier ; frappés jusqu'au fond du cœur et obéissant au précepte évangélique qui nous dit : « *Faites vous des amis de la source de l'iniquité, afin que quand vous ne serez plus*, etc. » Nous avons donné à Saint Georges et aux pieuses nonnes qui y servent Dieu, pour l'âme de mondit seigneur Alain, récemment défunt, pour la mienne, pour celles de mon fils Conan et de tous mes prédécesseurs ; nous leur avons donné, à titre d'aumône perpétuelle, toute la paroisse que l'on nomme Ploicathnou (25), dans le territoire de Léon, avec ses prés, ses bois, ses terres cultivées et ses landes, etc. Et si quelqu'un, ce que Dieu ne veuille, s'avise de faire opposition à cet acte, qu'il reste à jamais séparé

---

(25) Plougasnou, à 13 kilom. au nord de Morlaix.

de la communion des fidèles, jusqu'à ce qu'il rentre en lui-même. Nous avons fait cette donation devant les témoins dont les noms suivent; Conan étant consul, Salomon évêque. Témoins, le comte Eudon, Juthcaël, archevêque, Alain, fils d'Ewarin, Gothcelin de Dinan, Robert, fils de Guihenoc, Audren (Aldroën) le chapelain, Hervé Grassevache, Audren fils d'Holèdre. (26)

(26) Mundi terminum propinquare pronuntiata à Domino signa multiplici frequentia dederunt. Surgit enim gens contra gentem et regnum adversus regnum et terræ motus magni sunt. Unde ego Bertha, dono dei totius Britanniæ comitissa et filius meus Conanus his signis territi, et præcipuè de obitu dulcissimi senioris mei Alani videlicet celeberrimi consulis hujus filii mei Conani patris pridiè nobis nuciato, corde tenus sauciati, acquiescentes evangelico præcepto ubi dicitur : — Facite vobis amicos de mammona iniquitatis, ut cum defeceritis, etc. Donavimus S. Georgio et sanctimonialibus ibi Deo servientibus pro anima supradicti senioris mei Alani nuper defuncti et nostris animabus meæ scilicet et filii mei Conani et omnium antecessorum nostrorum in eleemosynam sempiternam parrochiam quæ est in pago Leonensi quæ vocatur Ploicathnou, totam ex integro cum pratis et silvis cultis et incultis, etc. Si quis autem, quod absit, huic rationi resistere voluerit, separatus a communione fidelium, nisi resipuerit, maneat in æternum. Fecimus hanc donationem coram istis testibus Conano consule, Salomone episcopo existentibus. Eudo comes testis. Juthcaëlus, archiep. T. Alanus-filius Ewarini T. Gothcelinus de Dinant. Robertus filius Guihenoci T. Aldroënus capellanus T. Herveus Crassavacca T. Aldroënus filius Holedri T. (Cart. S. Georg. R.)

CHAPITRE II.

MORLAIX AU MOYEN-AGE.

« Moi, Hervé, vicomte de Léon, j'ai donné à Dieu et à St. Martin, ainsi qu'aux moines du grand monastère (voyez plus bas) près de mon château de Morlaix, un terrain pour construire un monastère, un cimetière et un bourg, depuis la limite de séparation entre mon bourg et celui d'un certain Rehalardre. Je leur donne également mon bourg, avec les hommes qui y sont, etc. Sont témoins de cet acte Galon, évêque de Léon, Grallon, fils d'Ehoarn, Rehalardre et Evan son frère, Hervé frère bâtard du vicomte, Rodand, fils de Guihien, Harnigon, Evan le Chapelain, Buhic, *fils de l'évêque*. Fait l'an 1128 de l'incarnation du Seigneur, le 5 des nones de Mars. Sceau du vicomte Hervé †. Sceau de Guyomar, son fils †. Sceau d'Eudon. (1) —

(1) Ego Herveus Leonensis Vicecomes dedi Deo et S. Martino nec non monachis majoris monasterii juxta castrum meum quod vo-

Au nom du Père et du Fils, et du Saint-Esprit. Ainsi soit-il. Moi Galon, évêque de Léon, et Radulfe, évêque de Tréguier, nous voulons faire savoir à tous que nos frères les moines du grand monastère sont venus en notre présence demandant que le don que leur avait librement accordé Hervé, vicomte de Léon, leur fut par nous concédé et confirmé de notre autorité épiscopale. Ainsi tout ce que les moines ont ou doivent avoir dans l'église de Saint-Martin de Morlaix, moi Galon, évêque de Léon, je le leur accorde et concède, réserve faite des droits de l'église léonaise : et semblablement la chapelle de Sainte-Marie-Magdelaine et celle de Saint-Augustin, avec tout ce qui leur appartient. Moi, Radulfe, évêque de Tréguier, je leur accorde et concède, réserve faite du droit épiscopal, tout ce que ces moines ont ou doivent avoir du fief du vicomte Hervé : et dans le concile de Dol, qui a été tenu sous le vénérable Légat Gérard d'Angoulême, l'an de l'incarnation 1128, j'ai investi les mêmes

catur Mons-Relaxus, terram ad construendum monasterium cimiterium etiam et burgum, à loco illo ubi separatur burgus cujusdam Rehalardri à burgo meo, idem meum burgum do eis cum meis hominibus qui ibi sunt, etc. Hujus rei testes sunt Galo Leonensis episc. Gradilon filius Ehoarni, Rehalardras et Ewarnus frater ejus. Herveus frater bastardus vicecomitis, Rodandus fil. Guihien. Harnigon. Evanus capellanus. Buhic filius episcopi. Actum anno ab incarn. Domini MCXXVIII, videlicet V. Non. Martii. Signum Hervei vice comitis. ✚ Signum Guihomar filii ejus. ✚ Signum Eudonis.

moines par l'anneau. Semblablement, moi, Galon, évêque de Léon, j'ai dans ce conseil même, investi les mêmes moines, par ma mitre, des susdites donations. Sceau de l'évêque Galon. † Sceau de l'évêque Radulfe, sceau de l'évêque Robert. † Sceau d'Aimeric, sceau d'Israhel. (2)

« Moi, Hervé, par la grace de Dieu, comte de Léon, pour le salut de mon ame et de celles de tous nos parents tant prédécesseurs qu'à venir, j'accorde, je concède et confirme par l'apposition de mon sceau, le don qu'a fait à perpétuité à Dieu, à Saint-Melaine et à ses moines, mon père, le vicomte Guy-

(2) In nomine Patris et Filii et Spiritus sancti. Amen. Ego Galo Leonensis et Radulfus Trecorensis episc. notum fieri volumus quod fratres nostri majoris monasterii monachi præsentiam nostram adierunt, orantes ut donum quod eis Herveus vicecomes Leonensis libere dederat, concederemus et episcopali auctoritate firmaremus. Quicquid igitur in ecclesiâ S. Martini de Monte-Relaxo monachi habent vel habituri sunt, ego Galo Leonensis epic. salvo jure Leonensis ecclesiæ dono eis et concedo. Similiter et capellam sanctæ Mariæ Magdalenæ et capellam sancti Augustini cum omnibus ad eos pertinentibus. Ego verô Radulfus Trecorensis episcopus dono eis et concedo salvo jure Episcopali quicquid de fevo Hervei vicecomitis idem monachi habent vel habituri sunt : et in concilio Dolensi quod sub venerabili Gerardo legato Engolismensi celebratum est anno ab incarnatione Domini MCXXVIII per annulum meum ipsos monachos investivi de hoc. Similiter ego Galo Leonensis episcop. per mitram meam eosdem monachos in ipso concilio de supra dictis donis investivi. S. Galonis episcopi. † Signum Radulfi episcopi S. Roberti episcopi. † S. Aimerici. S. Israhel. (Marmout.)

omar : — à savoir, l'église de Sainte-Marie de Morlaix, située dans la tribu de Jean et tout le domaine de cette terre, et tout ce qui est sous la juridiction dans cette terre, depuis le four des moines jusqu'à la vallée dite Dolahan, fief que les Godiens, possesseurs du lieu, ont abandonné en la présence de mon dit père et de plusieurs autres qui se trouvent plus spécialement désignés dans la charte rédigée à ce sujet, et qu'ils ont librement et sans violence accordé et concédé. Lesdits moines ont en outre reçu du susdit vicomte, pour l'usage de leur maison, de leur four et de leur chaudière où ils préparent le sel, ce qu'il leur faudra de bois sec de sa forêt nommée Comburium, son moulin, deux parties de la dîme de la tribu Inevoin, la moitié de la dîme de miel du pays de Léon et de Castel-Paul, et toute la Chapellenie de Borret, qu'à la prière du vicomte qui leur faisait ce don leur a accordée et confirmée Salomon, évêque de Léon. J'ai aussi ajouté aux dons de mon père pour le salut de son ame, la *redime* des dîmes que j'ai à percevoir dans tout le Léonais : et je leur ai accordé et confirmé tous ces dons avec ceux qu'ils pourront avoir dans l'avenir de mon consentement et de celui de mes barrons, afin qu'ils le possèdent librement et paisiblement. Le tout conclu en présence de mes fils, savoir E. Le Blanc et Hervé, alloué de l'église de Léon, qui ont vu ce don et l'ont confirmé de leur pleine volonté. Témoins, moi, Hervé, mes deux fils, le fils de Martin, R. de Leveus , E. fils de l'archidiacre Glenio, Cudoret, fils de Gralen (Grallon), G. Le Roux et Monian son frère, le fils d'Otun, le fils de Recalazre (Rehalardre), R. et Hanevi, Buzouarn, Tauet. Ceci a été fait au temps du prieur B.... (3)

« Cette relation authentique et véritable que voici est soumise à la vue et à la connaissance de tous. A tous les fidèles qui liront cette charte, moi, Yves, évêque de Léon, je fais connaître qu'il s'était élevé

(3) Ego H. Dei gratia Leonensis comes, pro salute animæ meæ et pro animabus omnium parentum meorum tam antecessorum quam successorum do et concedo et sigilli mei impressione confirmo donum quod donavit pater meus G. vicecomes, Deo et sancto Melanio et monarchis ipsius perpetualiter habendum, scilicet ecclesiam sanctæ Mariæ apud montem Relaxum in plebe Johannis constitutam et totum dominium terræ et quidquid sui juris erat in tota terra illa, a furno videlicet monachorum usque ad vallem quæ vallis Dolaan dicitur, quod donum allodiares ipsius terræ Godienses scilicet quittaverunt in præsentia prædicti patris mei et plurimorum aliorum qui in carta inde facta plenius annotati reperiuntur, libere et quiete dederunt et concesserunt. Dedit etiam jam dictus vicecomes prædictis monachis ad usum domus suæ et furni et sartaginis sui ubi sal conficiebatur sufficientiam de siccis lignis quæ in silva ipsius Comburium vocata reperiuntur, et molendinum suum, et duas partes decimæ de plebe Inevoin, et medietatem decimæ mellis sui de pago Leonensi et de pago Castelli et totam capellaniam de Borret quam eis precatu vicecomitis hoc donum facientis concessit et confirmavit Salomon Leonensis episcopus. Addidi etiam donis patris mei pro salute ipsius animæ redecimam decimarum mearum per totam Leoniam et hæc omnia et quidquid acquirere poterunt dono meo vel baronum meorum li-

une discussion entre les baillis du duc Geoffroy de Bretagne et les moines de Saint-Melaine, au sujet de ceux qui venaient cuire au four situé dans le *bourg* des moines de Morlaix. Les baillis disaient que les hommes du comte qui sont sur la paroisse de Saint-Melaine ne devaient cuire leurs pains que dans le four du comte : et les moines répliquaient qu'ils avaient là un droit et une concession faite par le vicomte Guyomar, par son fils Hervé, par Guyomar, fils d'Hervé et par Nobilis son épouse. Un conseil de notables personnages ayant été réunis, les baillis dirent aux moines que, s'ils pouvaient prouver ce fait par des témoins probes et honnêtes, on leur laisserait la paisible jouissance de ce droit. C'est pourquoi les moines firent paraître le plus qu'ils purent d'hommes notables et âgés... qui en notre présence ont attesté par une déposition authentique, que tous les hommes qui sont en la paroisse Saint-Melaine doivent cuire leur pain au four des moines, et que ces derniers le tenaient de la générosité du vicomte Guyomar, d'Hervé son fils, de Guyomar, fils d'Hervé et de Nobilis son épouse. Et pour

bere et quiete habenda concessi et confirmavi in præsentia filiorum meorum E. scilicet Albi et H. Leonensis ecclesiæ electi qui hoc donum viderunt et gratantes concesserunt. Ego H. et ipsi duo filii mei testes et filius Martin. et R. de Leveus T. et E. filius Glenio archidiaconi T. Cudoret filius Gralen T. G. Rufuls et Monianus frater ejus testes, E. filius Otun T. H. filius Rocalazre T. R. et Hanevi T. Buzouarn T. R. Tanet T. Hoc fuit factum in tempore B. Prioris (S. Melan.).

que cette discussion ne se réveille plus à l'avenir, nous avons confirmé de l'autorité de notre sceau, ce que nous avons vu et entendu : et Derrien, alors bailli, l'a attesté et revêtu de son sceau. Les témoins sont, moi, Yves, évêque de Léon, Hervé et Sabioc, clercs, Salomon, chapelain, Hamon, sénéchal, et beaucoup d'autres. (4)

« A nos très chers frères et amis en Jésus-Christ le Seigneur abbé et les frères du Relec, les frères du chapitre du grand monastère (Marmoutiers) et leur humble ministre frère Hervé, salut et prières. Aimant votre ordre d'une pieuse affection, très chers frères, nous vous donnons à titre de possession perpétuelle notre terre de Lanvan en Ploheriu (Lonven en Plourin), que nous avions en qualité de rente annuelle : à la condition seulement que vous payiez tous les ans au prieur de

---

(4) Omni visui et auditui præbenda est auctoritas et veridica relatio. Universis fidelibus hanc scripturam legentibus ego Yvo Leonensis episcopus notifico, quod quædam contentio erat inter ballios Gaufredi ducis Britanniæ et monachos sancti Melanii super coctoribus furni, quod est in burgo monachorum de Monte-Relaxo. Dicebant enim ballii homines comitis qui sunt in parrochia sanct. Melanii, panes suos coquere nisi in furno comitis : monachi vero acclamabant hoc de jure suo esse et de dono Guiomari vicecomitis et Hervei filii ejus et G. filii Hervei et Nobilis uxoris suæ. Tandem concilio virorum bonorum habito data est à balliis optio monachis quod si possent hoc probare antiquorum hominum attestatione, et in pace eis dimitteretur. Monachi itaque adduxerunt quam plurimos antiquos et nobiles viros... Qui in presenti

St. Martin de Morlaix cinq sous sur cette terre, le jour de
la Nativité du Seigneur. Fait en l'an MCLXXXIV. (5)

Comme on voit, les premiers monuments de l'histoire authentique de Morlaix sont des donations ecclésiastiques : elles étaient très nombreuses à cette époque, il serait trop long d'en déduire ici la raison. A l'aide de ces monuments et des notes éparses que nous pouvons recueillir dans l'histoire du temps, nous pouvons déjà reconstruire, d'une main assez assurée, la topographie de la cité naissante au douzième siècle tout entier et même jusqu'à la fin du treizième. (6)

nostra veraciter testati sunt omnes homines qui in parrochia sancti Melanii de Monte-Relaxo sunt, debere panes suos in furno monachorum coquere, et hoc habere de dono Gui. Vicecomitis, Hervei filii ejus et Gui. filii Hervei et Nobilis uxoris suæ. Et ut hæc in posterum lis sopiatur, sigilli nostri auctoritate, quod vidimus et audivimus, munivimus : et ipse Derian ballius, qui tunc temporis erat, sigilli sui munimine attestatus est. Testes sunt hi ego Yvo episcopus Leonensis, Herveus et Sabiocus clerici, Salomon capellanus, Hamo senescallus, et multi alii (S. Melan.).

(5) Carissimis in Christo fratribus et amicis D. Abbati et fratribus de Relet fratres capituli majoris monasterii et eorum humilis minister frater Herveus salutem et orationes. Religionem vestram pio affectu diligentes, fratres carissimi, terram nostram quæ dicitur Lanvan Ploherin consistentem sub annuo censu vobis in perpetuum possidendam donamus, ita videlicet quod singulis annis priori sancti Martini de Monte-Relaxo quinque solidos de terra illa in nativitate Domini reddatis... Actum anno MCLXXXIV (Marmout).

(6) Chronologie de cette époque (992—1212) :

Comtes de Léon : Presque tous les comtes ou vicomtes de cette

Le château dont parle les chartes couronnait à cette époque les hauteurs qui font presque face à celles du château ducal, postérieur au premier : on peut encore aujourd'hui en suivre l'emplacement dans les pâtures qui dominent la ville, depuis la venelle du Créou jusqu'à la rue des Fontaines. Au pied de ces fortifications s'étendait la ville proprement dite, grosse et laide bourgade que les annalistes latins nommaient indifféremment Morlæum et Monsrelaxus, les français, Montrelays, Montrelez, les bretons, Montroulez et non Morlaës (grand pertuis), comme l'ont voulu quelques-uns. Cette bourgade enceinte d'un rectangle irré-

---

famille portèrent les noms d'Hervé et de Guyomar. Depuis Even, longue lacune, jusqu'à : 1. Guyomar I, et Hamon son frère : ils vivaient en 1016 et 1029. — 2. Morvan II, prince guerrier et malheureux : vivait en 1069. — 3. Allain, et Alfred son frère. — 4. Guyomar II, mort en 1103. — 5. Hervé II, et un frère illégitime, vivaient en 1096, 1128. — 6. Guyomar III, époux de Nobilis. — 7. Hervé II, mort en 1169 : un frère nommé Guyomar, vivant en 1164. — 8. Guyomar IV, grand guerrier : assassine son frère Hamon, évêque de Léon, dans les montagnes de Feiz-Gar : il avait un autre frère qui laissa trois fils illégitimes : meurt en 1179. — 9. Guyomar V et son frère Hervé, princes guerriers ; ils avaient un frère et deux sœurs (Adam, Guen, Aliénor, peu connus). Guyomar V mourut en 1208.

Seigneurs de Tréguier : 1. Le fameux Eudon de Penthièvre, mort en 1079. — 2. Etienne de Penthièvre, époux d'Havoize, mort en 1137. — Après lui démembrement : le comté de Penthièvre échoit à Geffroy Botherel, Tréguier à — 3 Henry, qui vivait en 1151. — 4. (comte de Tréguier) Allain, mort en 1212.

gulier de remparts datant d'une époque inconnue, devait être, comme toutes celles du temps, mal percée, malsaine, composée en presque totalité de ces maisons de bois dont on peut encore y voir quelques débris curieux. Les faubourgs ou burghs (burgi), longs bras qui tenaient à peine au corps de la ville, se nommaient Saint-Mathieu, Viniec, Marcheix (Marhallah), Saint-Martin, Saint-Melaine, Recalazre (du nom d'un ancien Seigneur du lieu), Borret. Dans cette agglomération, déjà importante, on voyait un moulin, deux fours à ban, l'un au duc ou au vicomte, l'autre aux moines du prieuré de Saint-Melaine : une chapellenie à Bourret ou Borret, un prieuré déjà mentionné, relevant de Saint-Melaine de Rennes : une église paroissiale, sous l'invocation de Saint-Mathieu, prieuré relevant de l'abbaye de Saint Mahé, Finistère, et fondé par Guyomar IV, qui parait l'avoir distrait du territoire de Plourin (7), un beau palais où séjournait le prince suzerain : et une église (Saint-Jacques) d'une antiquité très reculée. La croix dite de la Lanterne, existait probablement dès cette époque : on y allumait une lumière toutes les nuits, et il était de tradition que du jour où cette lumière s'éteindrait, la ville serait submergée (8). Les chartes les plus anciennes font encore mention de deux chapelles, Saint-Augustin et Sainte-

(7) Dictionnaire d'Ogée (1843), voyez *Morlaix*.
(8) Éteinte en 1793 : elle était dans la rue des Fontaines.

Marie-Magdelaine, outre celle de Saint-Jean-Baptiste, en face de l'enceinte du Parc-an-Duc.

Ce Parc-an-Duc était un vaste parc situé au sud-est de la ville, et où les vicomtes de Léon, les ducs de Bretagne et un roi d'Angleterre se donnèrent bien des fois le divertissement de la chasse. Il fut entouré d'un mur d'enceinte par Jean II ; et à peu près à cette époque, le duc y avait accueilli les Jacobins, leur avait fait don d'un manoir situé dans le faubourg Viniec, avec des jardins qui s'étendaient le long du Jarlo, et au-delà de cette rivière, il leur avait concédé la chapelle Saint-Jean-Baptiste, dont ils firent le fond d'un bas côté de leur nouvelle église. — Nous parlerons plus tard de la chapelle Sainte-Véronique, et de l'hôtel du Relec, dans le faubourg Saint Melaine, possédé par les moines de ce nom.

Si nous sortons de la ville, en longeant les deux rives de la rade Hanterallen, nous trouvons un pays couvert de forêts nombreuses et presque vierges, nommément celles de Comburium (9) qui occupaient une grande partie du plateau de St. Martin, depuis l'embouchure du Donan jusqu'à la ville : le bois sec que l'on en retirait annuellement, était à lui seul, un article d'une valeur considérable (10). Depuis le Dourduff jusqu'au ruisseau de Trivide, une notable portion de la tribu Johan (11) appartenait à une autre forêt dite

---

(9-10) Cuburien. — Voyez la donation d'Hervé de Léon.
(11) Ploujean. *Plebs*, tribu et paroisse.

du Stivel, probablement percée de vastes éclaircies au centre et au nord-ouest. Entre ces deux forêts serpentait le chenal, noir et vaseux, couvrant, à marée haute, une nombreuse ligne de palues qui n'ont définitivement asséché qu'à une date très récente (12). Quelques-unes des vallées profondes qui le coupent à angles droits avaient déjà des noms particuliers qu'elles ont perdu depuis, comme celle de Dolaan que d'autres lisent Dolstan ou Daoustank, *deux étangs* : il y avait effectivement deux moulins alimentés par des étangs sur ce faible cours d'eau, et l'on voit encore près de Ty-Dour, la chaussée d'un de ces étangs. Il est facile de comprendre comment Traondolstan a fait Troudoustein (13). Un fief important s'étendait depuis ce même ruisseau jusques aux forêts qui couvraient le centre et le sud-ouest de la tribu Johan : il appartenait à la famille des Godiens, et il est à peu près certain que c'est le même que celui de Kscóff (14). Les moines de St. Melaine possédaient une saline importante dans la rade (15).

Cet aperçu topographique, aussi complet qu'il est permis de l'exiger pour une époque aussi peu connue, nous a éloigné un instant de la série des faits qui commencent à illustrer cette histoire. C'était le temps où

---

(12) Palues de Marant, Nécoat, Keranroux, St. François, Launuguy, Quirio, Trebez, etc. —

(13-15) Voyez les actes précités.

la féodalité, comprimée par des princes despotes et belliqueux, rudement éclaircie par la hache des Northmans, constituait rapidement le gigantesque système dont la devise, *Nulle terre sans seigneur,* est le fond de toutes nos législations provinciales. Nous avons vu que les sires de Léon, sous les titres successifs de comptes et de vicomtes, furent les premiers possesseurs de la cité, quoiqu'elle fût réellement située dans le territoire de Tréguier. C'étaient des princes actifs, guerriers et turbulents, généralement malheureux dans leurs entreprises militaires : Guyomar IV s'étant attiré la colère du duc Geoffroy et la confiscation de Morlaix (1177), le prince Léonais leva des troupes, et suivi de son frère Hervé, il emporta d'assaut la place en litige. Ceci se passait en 1786 : un an après, Henry II Plantagenest, roi d'Angleterre et tuteur du duc de Bretagne, vint en personne la reprendre.

Le siège dura neuf semaines; l'attaque et la défense furent menées avec une égale vigueur. Les faubourgs St. Martin, St. Nicolas et Parc-an-Duc étaient les trois points les plus vaillamment disputés : l'armée anglaise occupait les hauteurs du Créou, du Merdy et du Portzmeur, et les divers corps communiquaient entre eux par un pont jeté sur le Queffleut devant Traon-ar-Vilin. Écrasée par les projectiles qui pleuvaient sur elle, décimée par une cruelle famine, la place se rendit. Henry II en prit possession au nom du duc Arthur, et resta quelque temps à Morlaix pour se livrer à son aise au plaisir de la chasse.

D'anciens annalistes rapportent qu'un jour que le roi d'Angleterre chassait dans la vaste enceinte du Parc-au-Duc, un énorme sanglier, poursuivi par la meute royale, se retourna brusquement contre les chasseurs et se rua sur le roi lui-même, qui ne fut sauvé que par un hasard providentiel. Un jeune seigneur breton se jeta l'épieu à la main au-devant de la bête et l'abattit : Henry ne crut pouvoir mieux reconnaître ce bienfait qu'en permettant au jeune homme de prendre pour armoiries une hure de sanglier. Ce trophée héraldique se voit encore sur les armes des Salaün de Lesven (16) qui, sur la foi d'une tradition de famille, se regardent comme descendants du sauveur d'Henry II.

Appelé dans le Léonais, par l'insurrection des deux princes indigènes, le roi d'Angleterre se hâta de quitter Morlaix, et prenant la route de St. Pol-de-Léon, rasa le château fort des deux vicomtes au confluent du Donant et de la rade. Ce château, qui se nommait alors comme aujourd'hui Castel an-Trebez (du trépied), n'est plus qu'un amas de ruines que l'on distingue à peine maintenant au sommet de l'aride promontoire qui forme l'extrême limite de Taulé du côté du levant. En outre, le Léonais, et principalement les riches

---

(15) En Plougonven : aujourd'hui les Salaün de Kerlanguy.

campagnes du Minihy (17) furent la proie du pillage et de l'incendie. « Comme les Anglais mettaient le feu
» ès maisons et villages du Menehy de Saint Pol, un
» bon homme voüa sa maison et tout son bien à Saint
» Goulven, laquelle, nonobstant la rage des Anglais
» fut seule épargnée, toutes les autres ayant ésté réduites
» en cendres. » St. Pol-de-Léon fut enlevé, le château rasé, et le pouvoir politique du comte momentanément réduit à rien. Les princes Léonais se retirent en silence pendant les troubles sanglants qui firent passer la Bretagne, après quelques lueurs fugitives d'indépendance, de la suzeraineté anglaise à la suzeraineté française, par l'avènement du *comte Perron* (Pierre Mauclerc — 1212). Seulement la principauté fut réduite de moitié, et les seigneurs de Léon, dont Landerneau devint la capitale, ne purent plus porter que le titre de vicomtes.

Pierre Mauclerc et la duchesse Alix paraissent avoir beaucoup affectionné le séjour de Morlaix : ils y avaient un beau palais, où ils reçurent saint Dominique quand il vint leur prêcher la croisade contre les Albigeois. Il

(17) Minihy, lieu d'asile : on donnait ce privilége non seulement à des églises ou à des monastères, mais à des paroisses entières dont le chef-lieu était presque toujours une ville épiscopale. Le Minihy de Saint Pol comprenait la paroisse entière, avec les trèves de Roscoff, Santec et Trefgondern : celui de Lanmeur, la paroisse de Lanmeur avec la trève de Locquirec. Le Pont-Minihy, sur la route de Lannion, entre l'Hospital-Pêll et Kerforniou, rappelle ce privilége qu'avait Lanmeur, comme ayant été dès le cinquième siècle une ville épiscopale.

y prépara la voie à la fondation d'un couvent de son ordre : et en effet, le 29 juin 1235, appelés par le vœu de la population, le père provincial de l'ordre et deux dominicains bretons, Olivier et Kizac, arrivèrent dans la localité. L'an suivant, à pareil jour, neuf de leurs confrères vinrent les rejoindre et logèrent provisoirement à l'hôtel du Relec. La fondation y fut ratifiée en 1237, par l'évêque de Tréguier : le duc accordait pour cette fondation son manoir et ses vergers sur les bords du Jarlo, et les habitants s'engageaient à fournir tous les ans une certaine quantité de blé, laquelle se mesurait dans des pierres creusées pour cet usage et placées sous le portail de la chapelle Sainte Véronique (18).

« L'église fut fondée le jour même de l'Ascension,
» en 1238. Le marché en fut passé le Vendredy-Saint
» précédent, ainsi que celuy du monastère, à un ar-
» chitecte de Landmeur.... Le chœur, sa maîtresse
» vitre et l'excellente rose qu'on y voit, le jubé et les
» garnitures du chœur, haut et bas, furent bâtis aux
» dépens d'Alain Minot et de sa femme Amou. La
» chapelle Notre-Dame, la sacristie et le grand dortoir
» furent construits des libéralités d'Yves Faranus (19). »

Parmi les bienfaiteurs du couvent, il ne faut pas oublier Julienne Le Borgne, qui fut ensevelie dans la salle du chapitre. Son tombeau, couvert d'une lame

(18) Voyez plus bas, an 1629.
(19) Ms. Daumenil, page 408.

de cuivre avec son effigie, portait une épitaphe (20) de quatre vers latins, dont voici la traduction :

« Sous cette pierre gît la fondatrice des frères de Morlaix, Julienne, servante de Dieu : elle avait ces vertus que possède rarement la femme : un cœur sincère, une main libérale, un corps chaste et pur. »

En moins de douze ans le couvent fut achevé : Hamon, évêque de Tréguier, dédia solennellement l'église le dimanche après l'octave de Saint Pierre et Saint Pol. Le duc avait donné aux moines, pour servir aux travaux, un arbre de la forêt de Huelgoët, dont on aurait pu, dit un vieil historien, faire construire trois manoirs.

Il paraît que durant les longs déchirements qui eurent lieu à cette époque dans la Basse-Bretagne, par suite des guerres entre les vicomtes de Léon et les ducs de Bretagne, Morlaix retomba aux mains des premiers : du moins nous voyons dans l'histoire du duché que Jean II achète au vicomte, ruiné par ses folles prodigalités, la ville et le château de Morlaix, moyennant

---

(20) Eccè sub hoc saxo, fratrum de Monte-Relaxo
 Est sita fundatrix, Juliana Dei veneratrix :
 Hujus erat virtus quâ pollet femina rarò,
 Mens sincera, manus larga, pudica caro.
Le corps de Julienne ici fut inhumé :
 Ses vertus furent sur la terre,
 Sincérité, largesse, chasteté,
 Vertus, qu'hélas ! femme n'imite guère.
   (*Trad. de M. Prevost de la Bouexière.*)

quatre-vingts livres de rente (1280). Déjà Brest avait été vendu pour une haquenée blanche et six cents livres.

Jean II entoura de murailles l'enceinte du Parc-au-Duc, et fonda, pour servir de chapelle à son château, l'église collégiale de Notre-Dame-du-Mur : il en posa la première pierre le 15 août 1296, assisté de Geoffroy de Tournemine, évêque de Tréguier, de Guillaume de Ksauson, évêque de Léon, de Thébaud, évêque de Dol, de Guillaume de la Roche-Tanguy, évêque de Rennes, et de Henry, évêque de Nantes. Il avait affecté à cette fondation une somme de deux cents livres de Bretagne (40,000 francs de notre monnaie) à prendre par moitié sur son domaine de Morlaix. Le chapitre fut composé d'un prévôt, premier et seul dignitaire, de huit chanoines, d'un diacre et sous-diacre d'office, de deux suppôts ou chantres, d'un maître de psallette, de quatre enfants de chœur, d'un organiste, d'un bedeau et de quelques autres personnes chargées du service : l'office divin et canonial y devait être célébré comme dans toutes les cathédrales de la Bretagne.

Cette fondation n'avait d'abord été que provisoire, *en attendant de faire autre fondation meilleure et plus commode* (21). Plus tard on ne pensa plus au pre-

[21] *Eclaircissement apologétique du dessein de rétablir la fondation du Mur*, mémoire imprimé de Marc Le Dizeul, chanoine doyen du Mur, en 1671, pages 3-4. — Mémoire des chanoines du Mur - 1752 - page 1.

mier projet, et l'église resta dans son ancien état. Jean le Conquéreur posa la première pierre du portail gothique qu'Albert Le Grand y admirait avec raison : sa tour fut entreprise vers 1420, aux frais de la ville qui mit en 1426 deux cents livres entre les mains des *gouverneurs* ou fabriques de la *chapelle* du Mur, pour la construction de la tour nouvellement *encommencée* (22).

Morlaix commençait à devenir important par son commerce exportatif : ses pêcheries et ses sècheries jouissaient d'une certaine renommée. La guerre civile de Blois et Montfort vint malheureusement arrêter dans son développement cette prospérité naissante. Le comte de Montfort se présenta devant Morlaix — 1343 — et prit la ville.

Rien de bien important depuis cette époque jusqu'à la bataille de Morlaix ou de Cadoret, livrée au mois de juin 1351. A cette date, Charles de Blois rencontra dans les landes de Cadoret, qui paraissent être les landes voisines de Cadoret, en Plouézoch, un parti de Bretons-Anglais commandé par sire Thomas d'Agworth, le héros de la Roche-Derrien. Très inférieur en nombre, le commandant anglais s'établit dans une position redoutable, au sommet du plateau, et repoussa avec vigueur les charges successives de l'armée ennemie, partagée en trois divisions. Vers la nuit,

---

(22) Ms. Daumenil, p. 330.

Charles opéra sa retraite avec une perte considérable, tant en morts qu'en blessés. D'Agworth n'eut à déplorer qu'une perte minime dans cette affaire, qui fit le plus grand honneur à ses connaissances stratégiques.

Durant presque toute la guerre de succession, Morlaix fut constamment du parti franco-breton, représenté par Charles de Blois : en 1358, cette ville envoyait à l'assemblée de Dinan, convoquée pour travailler à la délivrance du prince, un des héros du combat des trente, Ewen ou Yves Charruel, seigneur de Guerlesquin, Charruel, le Guerrand et Kgallon : il fut député par les états de Dinan, pour négocier à la cour de Windsor, la liberté de Charles, et nommé, en 1357, l'un des conservateurs de la trève conclue entre les deux partis. Morlaix était à cette époque une des treize bonnes villes du duché : en 1363 elle fit un accueil distingué à Bertrand du Guesclin, quand il marchait vers la Cornouaille. L'an suivant, la bataille d'Auray réunit tout le pays sous la bannière de Jean de Monfort, qui vint, en 1366, poser la première pierre du portail de la basilique du Mur.

Quand la Bretagne vint quelques années plus tard à se révolter contre Jean IV le Conquérant, Morlaix fut une des premières villes qui entrèrent dans l'insurrection anti-anglaise. En vertu du traité d'alliance convenu en 1371 entre Jean IV et Edouard III d'Angleterre, cette place avait été remise à Jean du Barry, commandant d'une garnison anglaise de trois cents hommes. Rançonnés par ces derniers, les bourgeois appelèrent à leur secours le connétable Du Guesclin qui tailla les Anglais en pièces. Malheureusement il ne tarda pas à s'éloigner, et le duc, revenu à la tête de forces supérieures, reprit la ville, et fit pendre sous ses yeux cinquante des principaux habitants. Une vague tradition rapporte à cette exécution militaire l'histoire d'un dévouement semblable à celui des six bourgeois calaisiens : seulement l'Eustache de Saint Pierre breton fut moins heureux que son devancier, et son gibet se dressa sur les hauteurs qui se sont depuis appelées de son nom, la roche Coroller.

Jean IV alla coucher, peut-être par prudence, au château de Cuburien : puis il quitta la ville après y avoir laissé une garnison de six cents hommes. Deux ans plus tard les habitants de Morlaix appelèrent encore à leur secours les Français qui couvraient le territoire, et la garnison étrangère fut passée au fil de l'épée : puis quand la cour de France eut décrété la réunion du duché à la couronne, Morlaix se rallia franchement au parti national, auquel elle resta depuis invariablement attachée.

En 1394, Jean IV faisait sa résidence habituelle à Morlaix, où il se livrait au plaisir de la chasse, à travers bois et collines (23), dans ce beau Parc-au-Duc, grand

(23) MCCCXCIV Dux... cum paucis de suis familiaribus apud villam Montis Relaxi abiit et ibidem diù sejournavit curamque

et spacieux parc fermé de murailles, disent les chroniques, et rempli de bêtes fauves, pour son plaisir. Vers la même époque, il y reçut les envoyés de la cour de France chargés de le réconcilier avec Olivier de Clisson, et les accueillit avec humeur. « Que viennent faire ici ces Français ? dit-il en apprenant leur arrivée : oh diable ! qu'ils se mêlent de leurs affaires. » Dans l'intervalle de ses rares loisirs et de ses fréquentes querelles avec tous ses voisins, il eut le temps de faire quelque bien à la petite cité commerçante qui commençait à prendre une place importante dans son duché : il lui accorda diverses exemptions, à la charge par elle de restaurer ses murailles. Son successeur accorde définitivement à Morlaix des lettres d'affranchissement de fouages, tailles, contributions aux aydes, emprunts, etc. Cinquante ans après, de nouvelles lettres du duc Pierre II confirmèrent les premières. — 1450. —

Le règne de Pierre II fait époque dans l'histoire morlaisienne, en ce qu'il nous donne les premiers monuments de quelque intérêt qui nous en restent. Citons d'abord la réformation du domaine ducal à Morlaix, faite en 1455, par suite de lettres patentes datées de Lestrennic, près Vannes, le 21 mai de la même année (24). Nous n'en citerons que quelques do-

---

suam circà venationes per montana et nemora exposuit. *(Chronicon Brioc.)*.

(24) Fait par ordre du duc Pierre II, au mois d'aoust de cette année, par maître Morice de Kerloaguen, Conseiller et l'un des

cuments topographiques et commerciaux, parmi lesquels un extrêmement curieux, important même ; c'est :

« La description et confrontation des bornes de la ville de Morlaix selon la description et recort de :

» Hervé de Coetçongar, âgé de LXXX ans ; — Selvestre Le Clerc, âgé de LXXXJV ans ; — Henry L'Onnoré, âgé de LX ans ; — Yvon Le Harnois, âgé de XLV ans ; — Pierre Le Marant, âgé de L ans ; — Maître Guille Le Marant, âgé de LXXJV ans ; — Jehan Portzall, âgé de XLV ans ; — Thomas Mahé, âgé de LXX ans ; — Jehan Morvan, âgé de L ans ; — Jehan Moël, âgé de LXX ans ; — Guenolay Goff, âgé de LXX ans ; — Jehan Gourmelon, âgé de LXXV ans ; — Jouhan Bihan, âgé de LXX ans ; — Yvon Jegou, âgé de LXX ans ; — Jehan Bougaut, âgé de LXXV ans ; — Allain Quinou, âgé de LXX ans ; — Yvon Le Fichant, âgé de XLV ans.

» Témoins dignes de foi et enquis par les dits commissaires : et même par l'évidence des lieux ; les dites bornes à les prendre et commencer à Tuonblouchou devers le Marcheiz dudit lieu de Morlaix, au coing dun vergier et jardin clos de murs appartenant a Yvon Le Gall et a Morice L'Abbé a cause de sa femme, quel coing fiert sur le grand chemin menant de Morlaix a

Présidents de ses comptes : maître Guillaume de Kerchoënt, pareillement Conseiller et l'un des seigneurs de son parlement, et Henriet Le Saulx, Secrétaire et Auditeur desdits comptes.

Bogast et a Ploëgonven, où il y a certaines bornes que les dits commissaires y ont fait mettre, et vont contré mont au long des vergier, courtil et bois Yvon Le Pinart par un veill chemin qui vat de Morlaix a Ploërin, et delà vont par le dict grand chemin contre bas au long du mur du Parc au Duc, jusques au coing d'un jardrin clos de murs qui autrefois fust à Yvon Le Pontou appartenant a pnt a Yvon Broller, entre lequel et le Parc au Duc, il y a un veill chemin qui mene contre bas au Russel de la fontaine du dict Parc au Duc, et passant oultre le dict Russel dedans led^t Parc en montant rez a rez de la Maison Courtel et Parc Yvon Le Harnoi et chéent en un veill chemin en l'endroit de ladite maison, nomée hent toul au Parc, et delà montant contre mont au long du mur dud^t Parc au Duc dun costé et la maison, parc et vergier Maistre Phélipes Coetkis, d'aultre tirant au long dud^t Parc au Duc et lessant dedans les dites bornes, la dicte maison parc et closture dud^t Maistre Phles, et delà tirant toujours au long dud^t mur au coing des parc apartenant a Jehan de Quoëtgouréden Seigneur de Loc-Maria noméz les Parcs Maistre Even, ferans en un chemin qui mene a une croix nomée anciennement la Croix Map-an-Maguerez, laquelle croix a faict rééd'ifier Yvon Ploegomen de Morlaix, et est assise sur un grand chemin qui mene de Morlaix a St. Fiacre, et dud^t chemin a l'endroit de la d^te croix vont les dictes bornes a un veill chemin qui est entre la terre dud¹ sire de Loc-Maria d'un costé et la terre du sire de Coetelent d'aultre ; quelle terre dud¹ de Coetelent demeurent dedans, les dites bornes, férans en un aultre grand chemin qui vient de Morlaix et va a Pont-Paul et dud¹ grand chemin tirant a un rocher nomé le Rocher de Lan ar Roc'hou au long du parc dud¹ sire de Loc-Maria, qui est des appartenances de son manoir de Kbizien, et dudict rocher, tirant aux aultres rochers qui sont vis-a-vis en devalant au coing des Moulins Foulerez et à Tan du Duc assis sur la rivière Cuefflet, laissant dedans les dites bornes, les dicts moulins, la rue aux Brebis, l'Hostel de Belizal et leur appartenance, et d'illec tirent au long de la dicte riviere contre val entre le Parc de Guyon de Kgoat qui est ez dictes bornes d'un costé, et le Pré Jehan Morvan qui est hors les dictes bornes de l'aultre; et de la rivière vont et montent icelles bornes, contre mont, devers le pays de Léon, au long du russel nomé Russel Tuncio, quel russel commence au village nommé Roudour-an-Nezen, entre le pré dud¹ Jehan Morvan et le pré Yvon Perrot, continuant en alant contre mont au long dud¹ russel entre le pré Yvon Perrot et le parc appellé Parc an Bretonic, et d'illeques, par les prés Yvon Le Soult a cause de sa femme, et les enfants feu Jehan Even, ainsi que led¹ russel avoit son cours anciennement; et du bout suzain dud¹ pré desd¹ˢ Hoirs Jehan Even, montent contre mont led¹ russel et le chemin au long du pré aux Hoirs

Guyon Perrot, se rendant audict village de Roudour an Nezen férant sur le grand chemin de Morlaix a Landiviziau et traversant led᷊ chemin, et alant au long du chemin qui va dud᷊ village de Roudour an Nezen au village de Kerjourdan, entre les deux terres Hervé de Coatcongar, passant led᷊ chemin entre une pièce de terre appellée la Lande aux Malades et les parcs dud᷊ de Coatcongar, tirant au grand chemin qui mene de Morlaix a Pensez, jusques au coing du mur du parc dud᷊ de Coatcongar, qui est des appartenances de son Hostel de Kjourdan, lesquels hotel et parc sont hors desd᷊ᵗᵉˢ bornes; et dud᷊ coing devalant contre bas devers Morlaix, au long dud᷊ grand chemin de Pensez, costéant le Boys revenant (25) dudict de Coatcongar et la forrest de Cuburien, appartenante au vicomte de Rohan, en continuant jusques au coing du Parc nomé Parc Fistill, appartenant à Yvon Symon, lequel Parc est dedans les dictes bornes, et dud᷊ coing alant au long du fossés dud᷊ Parc, tirant vers la Roche Corolleres, au long des fossés des Parcs appartenant a Nicholas Le Mignot, Guenolay Goff, les héritiers Bolhet, Jéhan Gourmelon, Jehan fils Hervé Olivier, et le Parc nommé Parc Map Nuz appartenant à pnt a Guilleᵉ Menez, et le Parc Loys Gourhant, quels Parcs sont audedans lesd᷊ᵗᵉˢ bornes et costeaux, au long de lad᷊ᵗᵉ forrest de Cuburien qui est hors desd᷊ᵗᵉˢ

(25) *Bois qui revient*, taillis.

bornes, jusques a un petit Parc appartenant aux héritiers Yvon Tanguy, qui est cerné de fossés, contenant un arpent de terre ou environ ; quel parc est hors des dictes bornes et du coing dud^t Parc tirant droict a la ligne au long de lad^{te} forrest, jusques a lendroit d'un petit Parc qui fut aultrefois a Hamon Aimoez appartenant a pnt à la Chapelle Notre Dame du Mur dudict lieu de Morlaix ; et dudict petit Parc, les bornes dévalent contre bas a la croix appellée : la Croix du bout de la Ville neufve, joignant au coing du mur du jardrin qui fust aultrefois a Jehan Kguilliau et a pnt a Jehan de Kiveguen, et de la dicte croix dévallant au havre et rivière dudict lieu de Morlaix ; tirant contre bas lad^{te} rivière jusque a l'Estang qui fut jadis a Hue Jouhan, et dud^t Estang tirant contre mont au long du russel jusque à Tuongoursten, et de Tuondousten, tirant au long du russel par les Parcs Henry Tuonmelin et Hervé de Coatcongar, et desdits Parcs traversant un grant chemin qui vient de la Chapelle de St. Nicolas a la fontaine appellée la Fontaine an Barguet, poursuivant toujours le d^t russel, par le Parc nommé Parc an Taon, traversant parmy le pré Jehan Perrot jusques a la source dud^t Russel qui commence a la fontaine nommée la Fontaine an Guern bihan et de la dicte fontaine au long dun chemin qui fiert devant la maison dud^t Jehan Perrot qui est ez dictes bornes ; et de la dicte maison au long du chemin qui se rend sur le grant chemin qui mene de Morlaix a Lanmeur, et dudict grant chemin, traversant a un autre chemin au coing de la maison qui fust aultrefois a Jouhan Courtois et Jehannette Saliou, sa femme, a cause d'elle ; et dud^t coing tirant au long d'un chemin qui vient de Kangriffien et qui se rend audit grant chemin qui va de Morlaix à Lanmeur, jusques a un carrefoul nommé Poul-Map-Enen, tirant au long dun chemin, nomé an Portz-Bihan costeant l'Ostel, parc et courtils maistre Phles Coetquiz et Alliette sa sœur, appellé Kjoce et la terre de la Madrie dun costé, qui sont ez dictes bornes et de l'aultre costé a la terre Jehan Perrot qui fut aultrefois a Jehannette Saliou ; et flert led^t chemin au carrefoul et sur le grant chemin qui vient du moulin an Squer a la maison Fraval, de Coëtquis nomée la Villeneufve, et dud^t carefoul au long dud^t grant chemin, costéant le Boys du Manoir de Coet gongar qui est hors desd^{tes} bornes, jusques a un aultre carefoul qui arive a un aultre grant chemin qui vat de Morlaix a Lannyon ; et d'icelui carefoul, devalant au long dud^t chemin qui vient du moulin an Squer, costéant les Parcs dudict Coetgongar jusques a un aultre carefoul qui est sur le grant chemin qui mene de Morlaix a Ploegat-Gallon en laissant ez dictes bornes la terre devers la Maladerie et la maison Jehan Le Malcon et son fils ; et dud^t carrefoul tirant contre bas vers led^t Moulin Ansquer, au long dudict chemin en laissant ez dites bornes la maison Yvon Bellec a cause de sa femme avec ses parcs et clostures, et les Maisons

Jehan Le Marant, et Hervé Le Breton a cause de sa femme ; et dudict Moulin Ansquer, qui est hors des d^tes bornes, traversant lesdites bornes la Riviere de Jarleau et entrant entre le Parc et Pré Pierre Le Broër, et le Parc et Pré les enfants Jehan Du Val, se rendant aud^t grand chemin qui mene de Morlaix a Ploëgonven, ferant a la cornière du vergier et jardrin Yvon Le Gall et Morice LAbbé a cause de sa femme, où lesdites bornes commencent ; où quel lieu lesdits commissaires ont faict mettre les dictes bornes de pierre dont cy devant est faict mention.

Et n'est point a attendre que ceulx qui demeurent a Tuonblouc'hou ne respondent et soyent subjets a l'entertise et soubs la demande d'aoust dudict lieu de Morlaix et ez aultres debvoirs et subsides ainssis quils ont accoustumé le temps passé. »

« Après, ensuivent le double de certaines lettres touchant les dictes bornes, laquelle lettre est enregistrée dedans le papier d'office de la Court de Morlaix.

» Les Commissaires ordonnés par le Duc notre Souverain S^gr, pour la refformation de son Domaine, ont trouvé par la déposition de plusieurs témoigns dignes de foy, que les bornes de Morlaix doibvent aler par les Parcs et Prés Pierre Le Braer a Tuonblochou et que le chemin qui souloit estre anciennement par ledit parc a commencer au coing des vergiers et courtils Yvon

Le Gall et Morice L'Abbé a cause de sa femme audict lieu de Tuonbloc'hou que led' Le Braër avoit faict clorre, sera déclos et mis à délivre pour le temps a venir, et sera de telle largueur comme est le dict chemin au bout du Boys Yvon Le Pinart ; et au regard dud' chemin qui anciennement souloit passer contre led pré Pierre Le Braër, et le pré les enffants Jehan. Du Val et se rendoit en la Riviere de Jarleau a la corniere du Moulin Ansquer qui est sur ladicte Ripviere, est dict et ordonné : Pour ce qu'il semble que le dict chemin ne sert gueres a la chose publique, que le d' Pierre Le Braër mettra ou fera mettre presentement deux grosses pierres haultes pour bornes affin que l'on puisse congnoistre doresnavant où lesd^{tes} bornes de Morlaix et le chemin d'icelles doibvent aller ; lune sur le grant chemin qui vat de Morlaix à Bogast, à la ligne de la corniere desd^{ts} vergiers et clos desd^{ts} Yvon Gal et Morice L'Abbé, et l'aultre pierre et borne, hors dud' pré Le Braër, devers la Riviére de Jarleau ; sauf et réservé par aultre temps de mettre led' chemin a passer par le dict Pré, s'il est trouvé que ce soit le bien du pays et de la chose publique ; et pourra led' Pierre Le Braër clorre et deffendre, pour le temps a venir aultres chemins qui au temps passez ont été faicts par icelui Parc : Et n'est point a entendre que ceulx qui demeurent a Tuonblouc'hou ne respondent a la lieutenantise de Morlaix et quils ne contribuent a la demande d'Aoust dudict lieu de Morlaix et ez aultres debvoirs et subsides en la maniere qu'ils ont accoustumé le temps passé donné.

» Donné et faict a Morlaix en la présence dudict Pierre Le Braër et de son consentement le septième jour d'aoust, l'an mil quatre cents cinquante cinq. »

La pièce que nous citons est la seule à laquelle nous puissions recourir pour comparer les limites actuelles de Morlaix avec les anciennes : aussi est-elle précieuse malgré son obscurité et les changements nombreux qu'ont subis les noms de terres et de villages cités dans cette longue énumération.

Tuonblochou (Traonbloc'hou) où commencent ces limites, était le nom d'un massif de maisons situé entre le grand chemin de Plougonven, la rue Traoulen et le Jarlo : la ligne de limitation remontait le long de la route de Ploërin, aujourd'hui route de Carhaix, tournait le Parc au Duc, suivait le pré encore aujourd'hui nommé *Prat ar Feunteun*, le chemin qui se rendait à Toul an Parc, la route de Pontpaul, passait à la croix de Mab-ar-Vaguerez (le fils de la nourrice) élevée à l'embranchement de la route de Poulfanc et du chemin venant de Penanru : et passant entre les terres du sire de Coëtelan (aujourd'hui Parcou ar Miliner) et celles des Kbizien, en Plourin, venait tomber sur le Queffleut, en suivant la crête des pitons de quartzite du Merdy. Ces landes, désignées aujourd'hui sous les noms divers de Goarem ar Roc'h, ar Vilin-Nevez, ar Menez, se nommaient alors plus généralement Lan-ar-Roc'hou, *Lande des Roches.*

Le Moulin-Neuf a remplacé les moulins à eau du duc, dits Moulin à Tan et à Foulon, situés à peu près dans le même endroit, et aujourd'hui complètement détruits : la ligne de démarcation descendait le Queffleut jusqu'à son confluent avec le ruisseau de Roudour an Ezen (Vallée aux Anes), qu'elle remontait pour aller couper le grand chemin de Landivisiau. Ce grand chemin, abandonné seulement au dix-huitième siècle, est celui qui part de la rue longue Bourret, jette des embranchements à droite vers Kgavarec, et à gauche vers Traonarvilin, et quitte la commune de Morlaix un peu au midi du Roudour : quelques pièces de terre qui le bordent portent encore le nom de Parc-an-hent-bras-coz. Le grand chemin de Penzez ou de St. Pol-de-Léon est aujourd'hui le chemin vicinal qui va de St. Martin à la route de St. Pol par Kgavarec : à son intersection avec la route actuelle de Brest, il y a une pièce de terre qui porte les noms de Parc ar Varyeren et Champ de la Croix des Ladres, nom qui rappelle celui de lande aux malades de la pièce qui nous occupe. De là à la rivière, la ligne séparative qui est restée depuis la même, longeait constamment la forêt de Cuburien, qui avait, comme on le voit, très peu diminué d'étendue depuis plusieurs siècles. La palue

Maraut, alors couverte par les hautes marées, restait en dehors de la limite, qui remontait la rivière, le ruisseau de Troudoustein, son étang aujourd'hui desséché, et ses parcelles de terre dont deux ont conservé le nom de Parc an Traon, qu'elles portaient il y a quatre siècles. Le Petit Launay (an Guern Bihan), Roscongar (maison de Jehan Perrot), Kjoce (Kjoaü), près duquel se trouvait le carrefour de Poul map enaff (marais de l'aîné) (26), restaient en dedans des limites. Elles coupaient les grandes routes : 1° de Lanmeur, qui partait de Morlaix par le quartier de St. Nicolas, passait devant la maison dite Hent-Coz (vieux chemin), se rendait à la Madeleine, alors appelée la Maladrerie, faubourg isolé, habité par des caquins, cacoux ou lépreux, qui y exerçaient depuis des siècles la profession traditionnelle de cordiers, et se rendait à Lanmeur par le bourg même de Garlan ; 2° de Lannion, qui se confondait probablement à la Croix-Rouge avec la suivante ; 3° de Ploëgat-Gallon (27), que suivent encore à présent les piétons venant de Plouégat-Guerrand à la ville ; 4° celui de Rennes par Guingamp,

(26) Une pièce de terre voisine s'appelle encore *Parc Dourec* (champ aquatique).

(27) Plouégat-Guerrand. Ces deux noms viennent de Guerrand et de Kergallon, principales terres seigneuriales de cette localité : le dernier ne s'est substitué à l'ancien que dans le dix-huitième siècle. Par une singulière coïncidence, ce nom de Gallon révécut dans celui de Plouégat-Vallon, donné momentanément à la commune sous la république et tiré de sa situation topographique.

passant par les Tourelles et Lannidy (28) : le chemin qui séparait Morlaix de Ploujean, avait aussi le titre de grand chemin. — Du moulin de la Chèvre, situé en dehors de la ligne, celle-ci passait le Jarlo à la *cornière* du moulin, gagnait le *grand* chemin de Plougonven et revenait à Traonblochou.

Il y a une remarque importante à faire dans cette étude comparative : c'est que les limites de la *communauté* ont été, généralement parlant, celles qui furent imposées à la *commune* de 1790. Il n'y eut que des changements insignifiants du côté de l'ouest, où l'on se borna à modifier ces limites du côté du ruisseau de Roudour-an-Ezen : à l'est, on ajouta cette longue bande de terre qui s'étend de Traoulen à Berlinga vers Plouigneau et Plougonven, et qui sans appartenir à Morlaix dépendait toujours, pour le spirituel, de la paroisse de St. Mathieu.

Viennent ensuite les droits que les ducs percevaient sur les objets d'importation et d'exportation du port de Morlaix ; c'étaient :

« 1° POUR DEBVOIR D'ENTRÉE :

De chacun tonneau de vins d'Anjou, Touars (29), d'Aulnis, Nantes et ailleurs, de la crue hors Bretaigne.................................. 30 sols.

(28) Nous reviendrons avec plus de détail sur ce sujet important, à l'article des voies de communication.

(29) Thouars en Anjou.

Et pour vin breton.................. 15 sols.

Pour ancienne coustume les marchands forains doibvent par tonneau............ 18 deniers.

De chaque muid de sel venant de Guerrande ou de Rhuis.......................... 5 sols.

Et si ledict sel vient d'ailleurs, il paie par muid, 15 s. s'il n'appert avoir été chargé au dict lieu de Guerrande ou de Rhuis.

Pour le poids de chacun tonneau de fer, qu'est de 2200 livres par tonneau, il est dub d'entrée. 20 sols.

Et par les autres marchands forains, le vingtième du fer.

Par chaque tacre (30) de cuir.........

Et le vingtième d'aultres marchandises que l'on fait entrer ezdits ports et havres.

2° ISSUES.

Pour issue de chaque tonneau froment est dub d'après une coustume......... 3 sols 12 deniers.

Et pour trecte de chaque tonneau froment. 30 sols.

Pour chaque tonneau gros bled, il est dub d'yssue.
20 sols.

Pour tonneau chair suif et aultres gresses. 20 sols.

Pour chaque tonneau de vin mené par terre, s'il n'appert avoir payé l'entrée en aucun havre de Bretagne...................... 30 sols.

(30) La tacre était composée de dix peaux.

De chaque tonneau de vin mené par charroy hors la ville et faux bourgs de Morlaix, excepté les gens nobles et privilégiés pour leur provision. . . . 5 sols.

Et le vingtième d'aultres marchandises comme toiles et aultres denrées que l'on fait yssir desdits havres. (31) »

Le même document nous donne quelques détails sur la pêche du congre dans la rivière de Morlaix, pêche qui donnait lieu à cette époque, à un commerce considérable. Tous les pêcheurs établis sur le fief ducal et sur ceux de Bodister, Montafilan et Plougasnou (Ploujeau, Plouézoch, Plougasnou, Saint-Jean-du-Doigt, Guimaëc et Locquirec), étaient tenus d'aller chaque année faire la pêche au congre, du 1er mai à la St. Michel. Cette pêche se faisait solennellement : on plantait bannière seigneuriale au lieu fixé pour le rendez-vous, et des arrhes en argent étaient données à chaque homme. La part du pêcheur, pour chaque congre *renable*, était de seize deniers : le congre renable était celui qui avait *un espace et demi* de la tête à *l'umbrill* : s'il était plus grand, il ne comptait que pour un renable, et s'il était moindre, *il en passait à l'esgard du renable choisi*. En outre, les pêcheurs avaient droit pour chaque cent à huit *quartes* de vin : mais s'ils vendaient le poisson en fraude, ils perdaient le prix et subissaient une amende. — Si quelqu'un

---

(31) Debvoirs d'entrées et d'yssues des ports et havres de Morlaix et de Lanmeur (havre de Toulanhéry et de Locquirec, dépendance ancienne de Lanmeur).

des grands vassaux susmentionnés cessait de tenir ses sècheries, le duc lui succédait dans tous ses droits.

Outre le congre, les harengs blancs et les harengs saurs abondaient sur le marché de la place : ils venaient probablement des Pays-Bas, et payaient au duc un denier pour droit d'étalage. (32)

Si du commerce nous passons à l'industrie, nous trouvons déjà les corporations solidement établies à Morlaix : outre la *confrérie* du sacre, composée des mariniers et des armateurs, nous avons celle de la Trinité, formée par les fabricants et marchands de toiles, les tailleurs et les tisserands. « Pierre par la grace de Dieu duc de Bretaigne conte de Montfort et de Richemont a notz seneschal alloues de Treguier Morlaix et Lameur, leurs lieutenantz et a toutz aultres a qui de ce appartiendra sallut. Les abbez preuots procureurs et gentz de la frayrie de la trinite fondee et entretenue par les gentz du mestier et art de texerie a Morlaix nous ont expose que parauant ces heurres pour obvenir à frauldres et abbuz que les texiers desds villet faulxbourgz de Morlaix et Lammeur et leurs chase tellanyes et aultres voisins commettent en leur dict mestier nous eussions ordonne que deslors en auant chacun texier usant d'un mestier eussent gange et meison pour faire *leurs toilles* marchandes bonnes et

---

(32) Réformation, etc., et notes de M. Aymar de Blois sur le Mss. Daumenil.

comptables et avoir de troys quartz de leaise de trente quatre allnes coutils chacune avec saize fils de laquelle ordonnance les gentz dudict mestier ayent use au temps passe et pour entretnir et continuer leurdict mestier ayent fonde ladicte frairye cy....

» L'homneur de la Trinite nostre Seigneur a faict plusieurs aultres belles institutions pour laugmentation de ladicte frairye et des gentz dudict mestier lesquelles ils ont treuues et gardees sans en fraindre et par icelles, ays este ordonne que lesdictz gentz de mestier ceulx qui seront trouues par lesdictz abbez et visilteurs faisants ou vsantz au qtraire que pour chacun deffault celluy qui en seront repriss y payeron une liure de cire a offre conssentye au prouffict de ladicte frairye et d'abondant en seront tirez par nous et notz aultres officiers desus les lieux ainsi que seront et debvoir estre a nous amendes : ce nonobstant aulchuns nos subiects taus de nosdictes chastellanyes de Morlaix et Lanmeur et aultres proches et adjoints desdits lieux ont faict et font de jour en aultres au contraire car ils font toilles quy ne sont pas de moison competant en abusant dudict mestier desquelles ilz viennent exposer en vente au dit lieu de Morlaix : quelle chose est au prejudice de la chose publique de nre pays et en la grande charge et dommaige de nosdicts subiects de Morlaix : pourquoi nous lesdictes choses considerees ne voulant ceulx abus tollerer ne souffrir, etc. (33) » Ainsi, en 1452,

(33) Lettres patentes du 5 mars 1452.

l'industrie linière et de *texerie* était florissante, quoique très nouvelle, à Morlaix : elle était due sans doute aux Flamands et aux Normands, que les guerres malheureuses de la France contre l'Angleterre jetaient en foule sur cette terre de Bretagne, paisible oasis oublié dans la conflagration universelle.

Quelques années auparavant (34) Alain de Rohan avait donné son château de Cuburien à des Cordeliers qu'il avait fait venir de l'île Vierge, pauvre et aride rocher situé sur la côte de Léonais, mais qui a fondé les trois abbayes de Morlaix, de Landerneau et des Anges, ce qui donna lieu au jeu de mots pédantesque : *Virgo peperit très, postea infirmari cepit et fuit derelicta et sterilis.* — « La Vierge a eu trois enfants, puis devenue infirme, elle a été stérile et abandonnée. » — Ce dernier mot fait allusion à la durée éphémère de la mère abbaye et de ses succursales, où les Récollets remplacèrent plus tard les Cordeliers. Ces derniers ont, à Morlaix, bien mérité des lettres en établissant à Cuburien une bonne imprimerie d'où sont sortis de précieux ouvrages et dont nous parlerons plus loin : il est bon de remarquer que vers la même époque le duc François II, protecteur éclairé de la *sapience*, envoyait à Morlaix son aumônier Yves Le Grand,

---

(34) 1445. « On voit encore dans une des cours de ce monastère des macles formées sur le pavé et distinguées en pierres blanchâtres des cailloux verts qui composent le remplissage de cette cour. » (Daumenil.)

pour recueillir les traditions et les antiquités locales.

Cependant les évènements politiques marchaient rapidement dans le duché : le duc François était mort à Couëron, et la *bonne duchesse* Anne, pour conserver ses états entamés par les armées françaises et les trahisons des grands vassaux, avait appelé une armée anglaise qui débarqua à Morlaix, sous le commandement de Richard Egiccimille ou Eggesmill. Cette armée fut soldée au moyen de monnaies fabriquées à la Tour-d'Argent, où l'on battait monnaie depuis quatre-vingts ans au moins : la matière première sortait probablement des *riches minières de Whelgoët, que jadis nos princes firent ménager et ouvrir*. Cette *armada*, du reste, ne se signala que par des pillages dont Albert le Grand narre naïvement un épisode caractéristique : c'est l'enlèvement du doigt de saint Jean, qui fut emporté par Eggesmill en Angleterre, et qui ne se retrouva plus au débarquement, au grand étonnement des ravisseurs. Le doigt miraculeux était retourné dans sa chapelle (35).

Nous avons momentanément négligé les nombreux changements et accroissements que subissaient à la même époque l'intérieur et les fortifications de la ville. En 1453, le duc donnait deux cents livres monnaie, à prendre sur Yvon de Kderyan, receveur général de l'évêché de Tréguier, pour les travaux de la ville. On

---

(35) Albert le Grand, translation du doigt de saint Jean-Baptiste.

bâtit un mur le long de la rue *confluant à la chapelle de N. D. du Mur*. En 1454, les pont-levis de Bourret, du Marcheix, le Pont-Borgne (près des Jacobins), furent refaits en solives de vingt pieds de longueur et garnis de planches de quatre pouces d'épaisseur. Le duc permit d'employer huit cents livres monnaie à cette dépense.

En 1483, on abattit la porte et les tourelles du Marcheix, ainsi qu'une maison qu'on y avait élevée : on reconstruisit une nouvelle porte sur un devis de Jean de Kloaguen-Rosanpoul, lieutenant du gouverneur, et on éleva de fortes barrières à tous les carrefours des faubourgs. Ces travaux coûtèrent quarante-six livres monnaie. A la même époque la corde de bois coûtait deux sols un denier, la journée d'un homme deux à trois sols, la livre de fer ouvré six deniers.

On fit venir de l'artillerie de Nantes : elle se composait de huit serpentines garnies chacune de deux boîtes et de quatre couleuvrines de fonte. Plus deux barriques de poudre, chacune du poids de cent livres, complétaient le matériel de cette artillerie. Elle avait été achetée par Bizien Méryan, *Mizeur*, et pesait mille cinquante livres (1483).

La guerre que l'on prévoyait alors avec la France ne tarda pas à éclater, et les travaux de fortification furent poussés plus activement que jamais. On établit de nouvelles barrières aux faubourgs de Ploujean, de Saint Martin et des Fontaines : on creusa des tranchées devant le *boulevert* de Bourret, et on construisit un nouveau mur derrière ce *boulevert* : on répara le pont de l'hôpital (de Viarmes), le château, et on engagea des canonniers, un maître à soixante et dix livres par an, les autres à cinq livres : on fit disposer par Jean Le Diouguel, menuisier, dans les portes et dans les tours, des logements propres à loger ces canonniers, des arbalétriers entretenus par les bourgeois, et une garnison composée de la noblesse des environs et d'une compagnie de gens à pied, commandée par Ollivier de Kaudren, qui eut une pipe de vin pour gratification. On gagea encore un portier, Jean Ploemenan, à cinq livres par an outre son logement dans la porte du Marcheix (36).

Quelque temps après, la duchesse Anne épousa Charles VIII : les villes bretonnes devenaient françaises, et Pierre de Rohan vint recevoir le serment des Morlaisiens que l'éminente dignité du maréchal ne réconciliait guère avec un homme infidèle à sa souveraine et à son pays natal. L'injurieux proverbe appliqué depuis à cette illustre maison dans toute la Basse-Bretagne, a trouvé de l'écho à Morlaix, où il s'est conservé jusqu'à nos jours (37).

(36) Lettres du duc Pierre II (10 décembre 1453) et Mss Daumenil, p. 3-4.

(37) Dans les montagnes, l'expression proverbiale pour désigner un traître est : *Dibri a ra d'an eo erel Roüan* (il mange à l'auge comme Rohan) : ainsi dans le Morbihan, un pourceau s'appelle

« Du reste la progression ascendante de la cité continuait, nonobstant les changements de monnaie et les guerres civiles. L'agriculture se relevait; la découverte de l'Amérique allait réagir favorablement sur le commerce, et, bien que la Bretagne n'eût point encore, comme la France, d'armée permanente, des croisières ducales protégeaient les navires. Aussi Morlaix comptait-elle 165 cabarets, 42 dans la ville close et le reste dans les faubourgs, 165 cabarets qui lui rapportaient 1,045 livres par année ; aussi la communauté payait-elle un médecin pour *panser les gens n'ayant de quoy*, et voyait-elle ses *billots* pris à bail par son gouverneur (38). »

Devenue reine de France, la *bonne duchesse* resta, comme dans tout son ancien duché, véritablement idolâtrée à Morlaix, et le lui rendit bien. En 1506, elle vint à Morlaix, où elle fut reçue au couvent des Dominicains, probablement parce que le château était alors en réparations : la communauté lui fit don d'un petit navire emblématique en pierres précieuses et d'une hermine apprivoisée, portant un beau collier au cou. On rapporte que ce petit animal, au moment où on le présentait à la reine, lui sauta brusquement au

---

burlesquement *map Roüan* (fils de Rohan), et Morlaix, pour expressions équivalentes, *voila un duc de Rohan*, — *on va tuer monsieur le duc*, etc.

(38) Notice historique sur Morlaix, par M. F. Gouin (Annuaire de Brest, 1838, p. 186).

cou, et qu'elle se recula avec un mouvement de frayeur involontaire : alors Pierre de Rohan qui l'accompagnait, lui dit : « Que craignez-vous, madame? ce sont vos armes ! » mot qui *lui plut beaucoup*, ajoute l'auteur qui rapporte cette anecdote (39).

La duchesse laissa à sa bonne ville des souvenirs plus durables que toutes ces fêtes. Elle fit construire dans le port de Morlaix, cette belle *Cordelière* à deux batteries, montée par douze cents hommes, et qui fut le premier vaisseau remarquable de la marine française. En 1513, la Cordelière, réunie à quelques autres navires, et montée par Hervé de Portzmoguer, que les Français nommaient Primaudet, attaqua une forte escadre anglaise et la battit. L'amiral ennemi s'adressa à la Cordelière et l'incendia, et Portzmoguer, pour ne pas périr seul, s'accrocha à l'Anglais, le couvrit de feu, et sauta avec lui à la vue des deux flottes épouvantées.

En 1522, un capitaine de Morlaix nommé La Trigle, avertit les Anglais, avec lesquels il entretenait des intelligences, que la ville se trouvait en ce moment sans milice et sans garnison, et qu'une surprise nocturne la leur livrerait infailliblement sans coup férir : il leur offrait en même temps son secours et celui de ses hommes. En conséquence de cet avis, une escadre anglaise forte de soixante voiles, vint mouiller dans

---

(39) Ogée, v. Morlaix.

la rade (40), à l'entrée du Dourduff, dans les derniers jours de juin : une partie de l'équipage fut mise à terre, et déguisés en paysans et en marchands, les Anglais se dirigèrent vers la ville, où ils furent reçus sans défiance. Comme l'avait annoncé La Trigle, la noblesse s'était rendue à la *montre* (41) de Guingamp, la bourgeoisie à la foire de Noyal-Pontivy (42). Les étrangers se glissèrent dans le château, dans les faubourgs, d'autres se cachèrent dans les bois du Styvel. Leurs pataches avaient reçu ordre de remonter le chenal avec la marée du soir, et de s'approcher du quai pour recevoir le riche butin que l'on espérait : mais les paysans avaient pris l'alarme et barré la rivière avec dix à douze gros arbres coupés dans les rabines de Cuburien, de sorte qu'arrêtés court par cet obstacle, les hommes qui montaient ces embarcations mirent pied à terre et s'avancèrent vers Morlaix (4 juillet).

Cependant la ville reposait, insoucieuse et ignorante d'un danger aussi imminent, lorsque vers minuit un signal fut donné, l'ennemi s'empara des portes et occupa la ville sans éprouver de résistance. Le recteur de Ploujean, chapelain de Notre-Dame-du-Mur, leva le pont de sa porte Notre-Dame, monta dans la tour

(40) *Hanterallen*, disent les relations.
(41) Revue militaire.
(42) Foire célèbre de Bretagne, fondée par la maison de Rohan. Ogée donne (v. Noyal Pontivy) d'intéressants détails sur les usages féodaux particuliers à cette foire.

armé d'un mousquet, arquebusa bon nombre de pillards du haut de sa citadelle improvisée, et périt après une défense héroïque.

Dans une maison de la grand'rue, (celle qui porte aujourd'hui le n° 18), une chambrière était restée seule, ses maîtres s'étaient sauvés comme tous les autres : elle rassembla quelques jeunes filles déterminées comme elle, ouvrit la trappe d'une cave remplie d'eau, et les pillards en voulant entrer en foule se poussant les uns les autres dans cet abîme que l'obscurité les empêchait d'apercevoir, quatre-vingts environ s'y noyèrent. La maison n'en fut pas moins forcée, les femmes, qui s'étaient réfugiées dans les étages supérieurs de la maison, furent saisies, et la chambrière qui avait monté le coup fut précipitée sur le pavé de la rue.

La ville fut pillée, saccagée et brûlée, ainsi que les églises : l'hôtel de ville fut mis en cendres avec presque toutes les archives de la ville. Le lendemain matin, les Anglais, gorgés de vin et ployant sous le faix de leur butin, retournèrent à leur escadre par le quai de Tréguier, le seul qui fut alors praticable : six ou sept cents traînards s'égarèrent dans le bois du Styvel et furent taillés en pièces par les gentilshommes du pays, qui prévenus trop tard, s'étaient hâtés d'accourir avec les seigneurs de Laval à leur tête.

Les morts furent, à ce qu'il paraît, ensevelis aux Capucins, dans le voisinage du champ de bataille : les indications de l'histoire et l'absence de vestiges de sépulture dans les bois du Styvel, confirment cette opinion. Le combat n'eut du reste pas lieu près de la fontaine qui a porté depuis le nom traditionnel de Fontaine des Anglais, mais bien près d'une fontaine alimentée par le même cours d'eau, et appelée par suite de cette sanglante boucherie la *Fontaine rouge*, un peu plus haut que celle dont nous venons de parler(43).

La vengeance était tardive, car la ville était complètement ruinée, et resta dix ans dans le même état : les principaux commerçants qui s'y étaient trouvés au moment du pillage avaient été emmenés en Angleterre, où ils restèrent longtemps (44). La ville se rebâtit lentement, aussi sale et aussi malsaine qu'auparavant : un second sac, qui eut lieu vers la même époque, ralentit encore ce faible mouvement de réorganisation.

La réforme religieuse gagnait rapidement, et elle comptait de bonne heure des adhérents dans le pays. En 1538, Alain Guézennec, réformé, dans un de ces accès d'enthousiasme intolérant auquel les calvinistes de cette époque étaient sujets, se rua sur un prêtre officiant dans l'église Saint Mathieu, lui arracha l'hostie et la foula aux pieds. Il fut condamné à être brûlé

---

(43) Dans les terres de M. de Tromelin, à Coëtserho. Les titres de cette propriété contiennent quelques éclaircissements intéressants sur cet événement.

(44) Mss. Daumenil, ch. 1

vif (45). La réforme ne prenait guère à Morlaix, pas plus que dans tout le reste de la Bretagne : et pendant que les évêchés de Rennes, de Nantes, de Saint Malo fournissaient de nombreux prosélytes à l'hérésie, que l'évêque de Nantes assiégeait dans une maison du Croisic dix-neuf religionnaires, et leur tirait cinq cents coups de canon sans pouvoir les réduire, que des synodes calvinistes donnaient un mot d'ordre et une direction à la réforme en Bretagne, Morlaix choyait ses religieux et élevait dans le quartier Saint Martin l'église de Notre-Dame-des-Vertus (1541).

Nous parlerons plus tard, en leur lieu, de quelques pièces importantes qui se rattachent à cette époque, comme la fondation du Taureau et les documents relatifs au commerce de la ville. Hâtons-nous d'arriver à l'évènement le plus important de cette partie de notre histoire locale, l'organisation municipale définitivement constituée par la création d'une municipalité moins dépendante. Jusques-là l'autorité civile avait été exclusivement représentée par trois magistrats étroitement subordonnés à l'autorité militaire des capitaines gouverneurs : c'étaient le *procureur de ville*, *le syndic miseur* et le *controlleur*, nommés dans l'origine par lettres ducales, et plus tard par une assemblée de notables dont la présidence était attribuée aux gouverneurs, aux lieutenants et aux juges royaux. Ces trois

---

(45) Ogée, v. Morlaix.

magistrats avaient des jurats, dont le nombre fut fixé à douze, par réglements des 5 et 23 février 1544, et qui avaient comme eux voix délibérative : tous ces divers actes, comme élections, délibérations, etc., avaient lieu devant notaire. Les fonctions de procureur étaient analogues à celles des maires actuels : ils avaient la haute main dans les affaires de la communauté, dans les convocations, dans les confections de travaux. Le miseur était le chargé de la comptabilité communale, et le contrôleur avait l'inspection des opérations du miseur. Cette organisation paraît dater de l'affranchissement de la communauté, ou du moins de la confirmation de cet acte, en 1450 : du moins est-ce la première trace que nous en ayons dans nos annales. Nous avons déjà vu, et nous aurons plus d'une fois occasion de le remarquer, le soin que mirent les rois de France, surtout ceux de la maison de Valois, à ajouter de nouveaux perfectionnements à nos institutions municipales, si tardives et si grossièrement ébauchées durant l'autonomie bretonne.

Les gages de procureur, originairement de dix livres monnaie, et ceux des deux autres magistrats, de vingt chacun, furent triplés en 1489. En 1552, ceux du procureur avaient monté à cinquante, et probablement les autres à proportion (46).

Voici la liste bien incomplète, comme elle nous est

---

(46) Mss Dauménil, ch. II, p. 15-16, et ch. III, p. 31-51.

parvenue, des procureurs, miseurs et contrôleurs de Morlaix.

1450. Bernard Le Bihan, miseur, nommé par acte passé devant Marrec, passe : Pierre de Ksulguen, controlleur à dix livres pour six mois, Philippe de Coetquis, procureur à vingt, également pour six mois.

1451. Jean de Quelen, miseur, à vingt livres : Pierre de Tuonmelin, controlleur, idem : Philippe de Coetquis, procureur, idem.

1452. Jean du Quenquisou, miseur.

1453. Goulfen de la Boyssière, miseur.

1454. Le même, miseur : Pierre de Tuonmelin, controlleur (lettres patentes de Pierre II).

1455-1462. Le même, miseur (lettres patentes du duc Arthur III, 11 novembre 1457). Pierre de Tuonmelin, controlleur, et Jean Tasser, son lieutenant par luy commis (1460). Les billots donnés à ferme par le miseur (1462).

1465. Chrestien Le Garrec, procureur, fut cette année aux états de Bretagne.

1466. G. de La Boyssière, miseur : Jean de Tuonmelin, controlleur.

1470. Le même, miseur.

1471 et 1473. Le même, miseur : Ollivier de La Forest, controlleur : Christophe Parthevaux, procureur.

1474. Le même, miseur, meurt dans l'exercice de ses fonctions, remplacé par Ollivier de La Boyssière, son *fils aîné et principal héritier noble*, qui rend pour lui les comptes de l'année.

1475. Thomas Calloet, miseur par élection des bourgeois rassemblés au Mur après vêpres (15 janv.).

1476-1477. Le même, miseur.

1478-1479. Hervé Guégou, miseur.

1480 (12 octobre). Richard Quintin, miseur; Ollivier de La Forest, controlleur.

1483. Bizien Meryan, miseur; Christophe Le Garrec, son lieutenant : Olivier de La Forest, controlleur; Jean Le Mignot, procureur.

1484. Guillaume Calloet, miseur.

1487 (20 octobre). Ollivier Le Gluëdic, miseur (acte passé devant Du Quellen et Du Roudour, passes). Ollivier de La Forest, controlleur; Auffray Perrot, son lieutenant ; Jean Le Noir, procureur.

1488 (22 octobre). Pierre Le Garrec, miseur ; Auffray Perrot, procureur de ville.

1489 (22 octobre). Yvon Le Borgne, miseur : Ollivier de La Forest, controlleur ; Jean Le Mignot, procureur.

1491-1492. Jean Le Borgne, par avis du lieutenant du capitaine de Morlaix : Ollivier de La Forest, controlleur plusieurs années de suite (1490-1496?) — Lacune. —

1521. Ollivier Le Gac, procureur et miseur.

1522. Dominique Calloet : sa maison fut brûlée par les Anglais.

1530. Jean Forget.

1532. Jean Le Galeou. Jurats, *nobles homs* Guy de Lesmais Sgr dudt lieu, Pierre Le Cozic, François de Goasbriant.

1533. Jean Le Levyer (et les deux années suivantes), procureur syndic, Pezron Coroller, miseur à vingt livres.

1537 (6 mars). Jean Penzornou, procureur syndic et miseur.

1538. Étienne Marrec.

1541. Philippe de Cremeur, Sr de Lanneuguy.

1543. Jacques Peuzornou, syndic; Jean Régollé, miseur.

1544. François Geffroy, syndic; Jean Le Jeune, miseur.

1549. Ollivier Le Gac, miseur.

1551. Philippe Kret, syndic.

1552. Jacques Tournemouche.

1553. Pierre de Cremeur.

1554. Yves Nouel, Sr de Trohoat.

1561. Auffray Coail, procureur syndic et premier maire. Cette année, le roi Charles IX rendit l'ordonnance suivante :

« Charles par la grace de Dieu roy de France, à tous présents et à venir salut. Nos chers et bien amez les manans et habitans de notre ville de Morlaix en Bretagne nous ont en nôtre conseil privé presenté requeste contenant que lade ville, qui est située et assise sur un port et havre de mer est grande et bien peuplée, et se fait en icelle grand traffic de marchandises, nous supplyant tres humblement pour le bien, decoration, augmentation et entretenement de la ville leur accorder vn corps de ville composé *d'un maire, deux echevins et douze jurats* pour la police d'icelle : laquelle requeste dès le jour de feuvrier dernier nous aurions renvoyé a notre tres cher et tres amé cousin le duc d'Estampes gouverneur et notre lieutenant general aud. pays pour nous envoyer son avis sur le contenu en icelle, ce quil aurait fait : SAVOIR faisons qu'après avoir de rechef fait voir en notre conseil privé lad^e requeste et avis et afin que lad^e ville qui est l'une des principales do notre dit pays de Bretagne, bien peuplée et habitée de bons et notables bourgeois de toutes qualités et fréquentée de bons marchands tant etrangers que circonvoisins et regnicoles, soit doresnavant *bien regye, policée* et gouvernée ainsy que plusieurs autres de notre royaume et que lesdits habitans sont plus enclins et diligens à la garde, tension et défense d'icelle; auxdits habitans de notre dite ville de Morlaix avons en suivant ladite requeste et avis donné, concédé, accordé et octroyé et par la teneur de ces présentes donnons, concédons, accordons et octroyons pour eux et leurs successeurs demeurants en ladite ville un corps, collége et communauté en icelle ville : voulons et nous plait que par la fondation, soutenement et entretenement d'icelle ils puissent tous les ans au premier jour de janvier ou autre quils aviseront, elire, avoir et choisir entreux *un maire qui sera* le cheff et premier de la ville, deux echevins qui seront ses *accesseurs* et lieutenans et douze juratz pour leur conseil, lesquels ne pourront être continués plus longtemps qu'un an fors et excepté que du nombre desd⁹ douze juratz qui auront été de la dernière élection en demeurera *six avec les six* autres que l'on élira de nouveau pour l'annee suivante, afin quil y aye toujours six anciens desd⁹ juratz nouris aux affaires de lad⁹ ville, par lesquels maire echevins et jurats ou *six desd⁹ jurats* voulons et nous plait que doresnavant toutes les affaires de la ville soient conduites, regies, dirigées traitées gouvernées et policées : et pour ce faire *leur avons donné et donnons* pouvoir, puissance et autorité de faire statuts et ordonnances *pour le fait* de la police, régime et gouvernement de lad⁹ ville et leursdits statuts et ordonnances faire inviolablement garder, observer et entretenir moltes et établir prix aux vivres, denrées et marchandises qui seront apportées en ladite ville, faire vizitations pour eviter aux abus et punir les delinquants tant par amandes pécuniaires que peines corporelles, lesquelles amandes, condamnations, jugements et sentences nous voulons être executées reallement et de fait non obstant oppozition ou appellation quelquonque; et a cette fin leur avons donné et attribué, donnons et attribuons *toute jurisdiction* et connaissance et de tous différens qui interviendront pour ce fait a lad⁹ police, *ensemble* de tous procez et différens qui interviendront entre marchands tant forains et circonvoisins que de lad® ville pour raison du fait et trafiq des marchandises, sans que nos juges officiers desd⁺ lieux et autres s'en puissent dorcsnavant imminser ny entremettre, ny pareillement aux affaires de lad® ville, mesme d'être elus auxd⁺ Etatz de maire, echeuins et juratz; ce que leur avons très expressement inhibé et défendu, inhibons et défendons par ces présentes; leur avons en outre donné et donnons pouvoir et puissance de faire créer et etablir officiers de ville tant par le fait de leur jurisdiction que pour le regime de lad® ville, les casser, depozer et en établir d'autres en leur lieu en cas de malversation, ordonner et disposer de tous leurs deniers communs patrimoniaux et d'octrois, les recevoir ou faire recevoir par leurs mains ou bailler à ferme, contraindre leurs receveurs et fermiers à leur en tenir bon compte et reliquat, et *finalement* voulons et nous plaît qu'ils jouissent et uzent de tous et tels autres privilèges, pouvoir, autorité et jurisdiction dont ont accoutumé de jouir et uzer les au⁺ maires ét echevins des au⁺ villes de notre royaume : Cy donnons en mandement à nos améz et feaux conseillers les gens tenant notre cour du parlement de Bretagne, etc..... Donné à S⁺ Germain en Lay au mois de vii^bre 1561 et de notre règne le premier. »

Nous n'avons rien à ajouter à ce précieux document qui clot d'une marière si décisive le laborieux enfantement d'une *Communauté* bretonne au moyen âge. On a vu dans cette rapide esquisse par quelle suite d'évènements, amenés par l'action plus ou moins directe mais toujours intelligente de la royauté française, notre Commune arriva rapidement à une organisation si parfaite que la constituante ne trouva rien de mieux à faire que de la copier de point en point. Il n'est pas moins curieux d'étudier, dans les périodes suivantes, l'étroite opposition d'une nationalité provinciale qui voyait dans ces libertés nouvelles autant d'atteintes à la séculaire inviolabilité de ses constitutions féodales.

CHAPITRE III.

MORLAIX SOUS LES ROIS DE FRANCE.

I. ADMINISTRATION INTÉRIEURE.

Nous avons rapporté le texte des lettres patentes de Charles IX pour l'organisation de la municipalité morlaisienne : elles avaient été enregistrées au parlement par l'arrêt suivant (28 septembre 1562) :

« *Lecta, publicata et registrata, audito procuratore*
» *generali regis*, pour les impetrans desdites lettres
» joüir des privileges contenus en icelles, d'autant que
» touche la création des maire et echevins et jurats,
» lesquels se pourront congreger et assembler en leur
» maison de ville, pour traiter et déliberer des affaires
» communes d'icelle seulement, sans que pour ce, ils
» se puissent attribuer aucune jurisdiction contentieuse,
» et à la charge que ceux qui seront élûs, selon les-
» dites lettres, préteront le serment pardevant le séné-

» chal de Morlaix ou son lieutenant, et appelleront,
« lors de leursdites assemblées, le substitut du procu-
» reur général audit Morlaix, qui y assistera pour l'in-
» terêt du roi, le tout sans préjudice de l'opposition
» presentement formée par les juges et officiers dudit
» Morlaix. »

Cet arrêt restreignait, comme on voit, les privilèges de la ville, et Charles IX qui en eut avis se hâta par de nouvelles lettres du 27 janvier 1563, d'ordonner l'enregistrement pur et simple des premières. En conséquence, Jehan du Poulmic, représentant des bourgeois, manants et habitants de la ville de Morlaix, homme de condition d'une maison ancienne et distinguée de la province, présenta au parlement les lettres de 1383 (octobre même année); mais on lui fit entendre qu'il indisposerait personnellement contre lui et sa famille, les gens du parlement, s'il s'avisait de poursuivre l'exécution de ces lettres de jussion, et elles restèrent sans effet.

Comme on voit, le premier pouvoir provincial suivait obstinément l'étroite et mesquine politique et les traditions illibérales de la domination ducale. Cette opposition venait principalement des juges royaux qui voyaient d'un œil jaloux s'élever dans leur ressort une magistrature rivale de la leur. Pendant près de deux siècles ils empêchèrent « par brigues, par cabales,
» par menaces, par promesses et par voye de faits,
» la nomination d'un maire et des deux echevins ses

» lieutenans; ils engagèrent seulement à nommer douze
» jurats et un procureur syndic de la ville, et le séné-
» chal de la châtellenie de Morlaix s'empara de la place
» et des fonctions de maire, le bailllif de celle de pre-
» mier echevin et lieutenant de maire, et le lieutenant
» de celle de second echevin.

» Dans cet état, on ne laissa aux jurats, conseillers
» nés de ville, que la voix consultative, et au procu-
» reur syndic, que le droit très-resseré de faire des
» requisitions pour les affaires de la ville seulement;
» mais lorsqu'elles ne convenoient point aux vûes et
» aux interêts des juges usurpateurs des premiers of-
» fices municipaux, le procureur du roi s'y opposoit
» toûjours, et ces juges ayant égard à ses conclusions,
» sans s'arrêter aux requisitions du procureur syndic,
» ni à l'avis des jurats, forçoient les autres de revenir
» à leurs vûes, sinon empêcholent la signature et l'effet
» des délibérations. (47) »

Le premier maire de Morlaix fut (1562) Auffroy Coail, procureur syndic de l'année précédente : après lui vinrent (48) :

1564. Vincent Noblet, procureur et miseur : il mourut de la *contagion*, et fut remplacé le 15 juin, par Jean Boullouch.

(47) *Réponse des maire, échevins et jurats de la ville et communauté de Morlaix à la requête des juges civils et criminels ordinaires de la châtellenie royale de Morlaix, du 16 février* 1734.

(48) Le Mss Daumesnil est le seul document qui nous donne des renseignements un peu suivis sur ce demi-siècle (ch. III, p. 52-57).

1565. Pierre de Kmerchou, sieur de Kgus : il mourut aussi de la maladie régnante, et fut remplacé par Guy de la Forest, sieur de Pontblanc.

1566. Guillaume Moricquin.

1567. Thomas Colin, sieur de Poulsas.

1568. Guillaume Marrec, procureur syndic : Jean Kgus, sieur de Mesanbez, miseur.

1569 (3 février). Allain Toulcoet, procureur syndic et miseur.

1570 (9 février). François Le Gac, sieur de Coatlez pell.

1571. Thomas Jagu, sieur de Kneguès.

1572. Mathieu Rigolé, sieur de Roc'harbleiz.

1573. Jean Le Levyer, sieur de Krochiou.

1574. Jean Floch, sieur de Kbasquiou.

1575. Guillaume Ballavesne, sieur de Lannigou.

1576. Henri Fonsequeux, sieur de Kvezec.

1577. Jean Tribasa, sieur de Quenquisou.

1578. Nicolas Nuz, sieur de Kehunan.

1579. Jean Calloet, sieur de Kastang.

1580. Maurice Ballavesne, sieur de Meshilly.

1581. Jean Rigolé, sieur de Kilizien.

1582. Guy Huon, sieur de Kgadou : Jacques de Main, miseur.

1583. François Le Borgne.

1584. Jean Guillemot, sieur de Ksaliou.

1585. François Noblet, sieur du Roudour.

1586. Martin de Tournemouche, sieur du Bodou.

1587. Jean Du Plessix, sieur de Coatserhou.

1588. Guillaume Le Levyer, sieur de Coatglas.

1589. Jean Pinart, sieur de Kdrein, procureur de ville : Guillaume Kanguen, miseur. Cette année, Morlaix entra dans l'*union* (3), et les députés de la fédération firent l'office de jurats sous l'autorité du gouverneur et des juges.

1590. Pierre Guillozou, sieur du Goaorus, procureur syndic : Martin Noblet, sieur de Kverziou, miseur.

1591. Vincent de Kmerchou, sieur de Trelever.

1592. Vincent Le Gac, sieur de Kanprovost : Jean Coroller, sieur de Kvescontou, miseur.

1593. Guillaume de Plessix, sieur de Kangoff, procureur de ville : Pierre Guengamp, miseur.

1594. Yves de Léau, sieur de Kbabu : Yvon de Perthevaux, miseur.

1595. *Nobles hommes*, Yves Jégou, 100 livres de gages : Pierre Noblet, miseur. — Jurats, nobles gens, Guillaume Le Bihan, Thomas Jagu, Yvon de Léau aîné, Nicolas Le Blonsart, Yves Le Baillis, Jean Floch, Guillaume de Léau.

1596. Yves Quintin, sieur de Khamon : Guillaume de Léau, miseur.

1597. Yves Kret, sieur de Kdoret : Jean Salaun, miseur.

(3) Voyez pour ce mot et cette période, le paragraphe *Histoire politique et extérieure*.

1598. Olivier Nouel, sieur de Kguen (4), Martin Rigolé, miseur. — Jurats, Maurice Ballavesne sieur du Meshilly, Yves Kret sieur de Kdoret, Yves de Léau sieur de Kbabu, Nicolas Le Blonsart, Jacques Tournemouche sieur des Garennes, Guy Ballavesne sieur de Lannigou, Yves Quintin sieur de Khamon, Jacques Le Grand, François Corre, Yves de Kret *le vieil*, Martin Rigollé, Nicolas des Portes, Maurice de Kret, Jacques Toulcoet.

1599. Bernard Nouel, écuyer, sieur de Kdannet, syndic et miseur. — Jurats, en Saint Mathieu, Guillaume Le Bihan et les précédents. — En St. Melaine, Olivier Nouel sieur de Kven, Maurice Noblet sieur de Kverziou, Yvon Le Baillis, Jacques Le Grand. — En St. Martin, Yves Jégou sieur de Tourbrunault, Yvon Perthevaux, Mathieu Floch, Pierre Noblet.

1600. Martin Rigollé sieur de Klizien, procureur et miseur : Yves de Kret, procureur particulier en son absence. — Jurats, Maurice Ballavesne sieur du Meshilly, Yves Jégou sieur de Tourbrunault, Jean Toulcoet sieur de Penanneach, Jean Bernard sieur de Kdudal, Pierre Noblet, Jean Quintin sieur du Cornou, Guillaume Le Diouguel, François Le Levyer

(4) Ou plutôt Kerven, en Guimaëc. Cette famille Nouel de Kerven a produit vers la même date, un homme célèbre dans la diplomatie française sous Louis XIII, le fameux père Joseph, capucin, affidé de Richelieu.

sieur de Kanprovost, Jean Coroller sieur de Kvescontou, François Du Bot, Jacques Toulcaet, François Du Bernet sieur du Toulalan, Yves Quintin sieur de Khamon, Jacques Le Grand, Bernard Nouel sieur de Kdannet, Richard Bellavesne sieur de Ballach.

1601-1602. Jean de Poligné, procureur syndic et miseur, continué deux ans. Outre les *gages* de cent livres par an, il eut 900 livres de gages supplémentaires, par délibérations des 4 février et 7 mars 1602.

1603. Martin Nouel, sieur du Ruguellou.

1604. Maurice de Kret.

1605. Nicolas des Portes sieur du Rest. — Jurats, Jean Coroller sieur de Kvescontou, Alain de Kmela, François Le Levyer sieur de Kanprovost (St. Mathieu): Yves Quintin sieur de Khamon, Bernard Nouel sieur de Kdannet, Martin Nouel sieur du Ruguellou, Maurice Noblet sieur de Kverziou (St. Melaine) : Yves Jégou sieur de Tourbrunault, Pierre Noblet, Julien Kgroas, Mathieu Floch sieur de Kbasqulou (Saint Martin). Assistants, Maurice Ballavesne sieur du Meshilly, Charles de Léan sieur de Croas-ar-Merdy, Jean Guillozou, Maurice Le Borgne, Jacques Lebell, Christophe Corre sieur de Pratalan, honorable messire François Le Levyer, recteur de Ploujean et prieur de Saint Mathieu.

1606. Mathieu Floch.

1607. Jean Coroller sieur de Pratalan. — Jurats : *nobles hommes* Maurice Ballavesne sieur du Meshilly,

Yvon de Léau sieur de Kbabu, Martin Rigollé sieur de Klizien, François Le Levyer sieur de Kanprovost, Guillaume Le Diouguel (Saint-Mathieu) : Yvon Quintin sieur de Khamon, Bernard Nouel sieur de Kven, Nicolas Nuz sieur de Kehunan, Jean Le Gendre (St. Melaine) : Yves Jegou sieur de Tourbrunault, Maurice Le Borgne (St. Martin).

1608 (20 février). Guy Ballavesne sieur de Lannigou. — Jurats : *nobles hommes* Guillaume Le Bihan, Maurice Ballavesne, Yvon de Léau sieur de Kbabu, François Le Levyer sieur de Kanprovost (St. Mathieu) : Yves Quintin sieur de Khamon, Olivier Nouel sieur de Kven, Bernard Nouel sieur de Kdannet, Jacques Le Grand sieur de Lotesec, Jean Geffroy sieur de Kneis (St. Melaine) ; Yves Jegou sieur de Tourbrunault, Yves de Kret sieur de Talengoat, Julien de Kgroas (Saint Martin).

1609 (4 mars). Vincent Noblet sieur de Kverziou.

1610. Allain de Kmelec sieur de Krouman.

1611. Richard Ballavesne sieur du Ballach.

1612. Jean du Poulmic sieur de Traonhoat.

1813. Jacques Noblet sieur de Kahrun.

1614. Ollivier Guillozou sieur de Rochledan.

1615. Yves du Parc sieur de Kgadou.

1616. Pierre Quintin sieur de Rochglas.

1617. Jean Guillouzou sieur du Goasrus : substitut, Jean Pinart sieur de Kdrein. — Jurats : Jean Pinart, Yves Kret sieur de Kdoret, Yves Quintin sieur de Khamon, Martin Nouel sieur de Ruguellou, Jean Poulmic sieur de Traouhoat, Pierre Ballavesne sieur de Knonnus, Pierre Oriot sieur du Meshir, Charles de Léau sieur de Croas-ar-Merdy, Nicolas des Portes sieur du Rest, François Corre sieur de Coaterer, Jean Rigollé sieur de Kléoret, Richard Ballavesne sieur du Ballach, Jean Coroller sieur de Kvescontou.

1618. Jean Rigollé sieur de Kleoret. — Jurats : Jean Pinart sieur de Kdrein, Yves Kret sieur de Kdoret, Charles de Léau sieur de Croas-ar-Merdy, Nicolas Jegou sieur de Guerlan, Jean Coroller sieur de Kvescontou, Guillaume Blonsart sieur du Penquer, Nicolas des Portes sieur du Rest, Nicolas Nuz sieur de Khunan, François Blonsart sieur de Ktanguy, Pierre Oriot sieur du Meshir, Nicolas Ballavesne sieur de Knonnen, François Corre sieur de Coateren.

1619. François Blonsart sieur de Kertanguy. — Jurats : Jean Pinart sieur de Kerdrein, Jean Rigollé sieur de Kerléoret, Charles de Léau sieur de Croas-ar-Merdy, Nicolas Jegou sieur de Guerlan, Jacques Le Goarant sieur de Kerestec, Bernard Nouel sieur de Kerdannet, Jean Coroller sieur de Kervéscontou, Nicolas Nuz sieur de Kerehunan, de Kerveguen, Quintin de Rochglas, Pierre Oriot sieur de Meshir, François Corre sieur de Coateren, Mériadec Ballavesne sieur de Kernonnen, Jean Kergroas sieur de Penvern.

1620. François Corre sieur de Coateren.

1621. Christophe Noblet sieur de la Villeneuve.

1622. Guillaume Le Diouguel sieur du Penhoat.

1623. Jean Kergroas sieur de Penvern. — Jurats : Jean Pinart sieur de Kerdrein, Yvon de Léau sieur de Kerbabu, Jacques Le Goarant sieur de Kerestec, Pierre Calloet sieur de Kerastang (St. Mathieu) : Yves Quintin sieur de Kerlaven, Bernard Nouel sieur de Kerdannet, Nicolas des Portes sieur du Rest, Ollivier Guillozou sieur de Rochledan, Pierre Oriot sieur du Meshir, Yves Coroller sieur de Pratalan (St. Melaine) : François Corre sieur de Kerbasquiou, Noblet sieur de Traonhoat (St. Martin) : Yves Gourville, assistant de droit, comme gentilhomme originaire de la ville.

1624 (21 fév.). Guillaume Poulmic sieur de Kmeur.

1625. Martin Lesquelen sieur de Kerdannet.

1626 (25 février). Yves de Kergroas sieur de Beuzidou.

1627. Nicolas Salaun sieur de Keramoal.

1628. Jacques Kermerchou sieur de Crechcoat.

1629. Tanguy Le Levyer, sieur du Meshir. — Jurats : Pinart sieur de Kdrein, Le Diouguel sieur de Penhoat, Le Goarant sieur de Kerestec, Leborgne sieur de la Villeneuve, Kergroas sieur du Beuzidou (Saint-Mathieu); Noblet sieur de Kerverziou, Nuz sieur de Kerchunan, Quintin sieur de Rochglas, Blonsart sieur de Ktanguy, Kerbouric sieur de Penanneach (St. Melaine); Floch sieur de Kerbasquiou, Corre sieur de Kerouzien (St. Martin), tous nommés par le maire : Amaury Jascob, procureur du roi, réclame contre cette nomination illégale. Les registres de délibérations de cette année et les suivantes sont signés par le maire : les juges et les gouverneurs les signaient auparavant.

1630. Pierre Guillouzou sieur de la Roche. — Jurats, Pinart sieur de Kerdrein, Le Goarant sieur de Kerestec, Le Borgne sieur de la Villeneuve, Kergroas sieur de Beuzidou, Floch sieur de Kermorvan, Nouel sieur de Kerdanet, Nuz sieur de Kerehunan, Noblet sieur de la Villeneuve, Kerbouric sieur de Pennanneach, Kerrault sieur du Mesguen, des Portes sieur de Kergren, Ballavesne sieur de Kernonnen, Corre sieur de Kerouzien, nommés par le maire comme l'année précédente.

1631. François Corre sieur de Kerouzien.

1632. François Noblet sieur de Runtanguy.

1633. Pierre Guillouzou sieur du Plessix.

1634. François Le Borgne sieur de la Villeneuve.

1635. François Le Diouguel sieur de Terrenez.

1636. Pierre Coroller sieur de Kerguelen : substitut, Pierre Coroller sieur de Pratalau. — Jurats, Nouel sieur de Kerdannet, Floch sieur de Kerbasquiou, Blonsart sieur de Kertanguy, Guillouzou sieur de Rochledau, Kergaoas sieur de Penvern, Corre sieur de Kerouzien, Floch sieur de Kermorvan, Kergroas sieur de Beuzidou, Du Goasven, Guillouzou sieur de la Roche, Jégou sieur de Kerdibennech, Coroller sieur de Pratallan.

1637. Yves Guillouzou sieur de Kervidone. — Jurats

Nouel sieur de Kerdannet, Quintin sieur de Rochglas, Floch sieur de Kerbasquiou, Kergroas sieur de Penvern, Le Diouguel sieur de Penhoat, Kerret sieur de Kerdoret, Blonsart sieur de Kertanguy, Digot sieur de Kermalvezan, Le Gouverneur sieur de la Saussaye, Harscoet sieur de Kervenger, Le Gendre sieur de Kerouriou, Guillemot sieur du Verger.

Nous avons cru devoir transcrire tout au long ces listes fastidieuses dont l'insignifiance apparente cache de précieuses données sur les origines de nos constitutions locales. On peut d'abord remarquer que contrairement à l'opinion généralement reçue, la bourgeoisie n'a que très peu ou point de place dans ces fréquentes nominations, réservées en quelque sorte à la noblesse du pays. Si l'on réfléchit ensuite que les mêmes noms reviennent tous les ans avec très peu de variations, et que ces élections, déjà si fictives par ce fait même, étaient soumises à l'influence toute puissante des pouvoirs supérieurs, gouverneurs et juges royaux, on concevra facilement combien étaient dérisoires ces formes d'élection libre octroyées et reçues comme un immense bienfait et comme un progrès d'une haute portée.

A cette époque, les tracasseries suscitées par les juges-châtelains à la communauté reparurent plus vives que jamais. Déjà, pour favoriser l'élection de Jean Coroller, en 1607, les juges défendaient à la communauté de s'assembler et de procéder à de nouvelles nominations d'officiers : le procureur du roi s'opposait à ce que la communauté séparât les charges de maire et de miseur dont la cumulation entraînait quelques difficultés dans la comptabilité municipale.

Vingt-deux ans après, nouveaux différents : un arrêt de la chambre des comptes défend aux comptables de présenter leurs comptes à l'examen des juges royaux sous peine de suspension de leurs gages et de cinq cents livres d'amende : d'un autre côté défense aux juges d'examiner les comptes de la ville autrement que comme commissaires députés de la communauté, de disposer des deniers de la municipalité... Les baillifs et procureurs du roi répondirent par le texte d'un arrêt de la chambre de 1582, la déclarèrent incompétente, témoignèrent de leur intention de maintenir les *droits de la juridiction,* et triomphèrent passivement.

En 1636, les juges s'opposèrent encore à toutes les démarches qui avaient pour but le rétablissement des privilèges de la ville : il fallut que les habitants, furtivement assemblés, élussent par acte particulier et notarié un député chargé d'aller plaider leur cause au pied du trône de Louis XIII. Ce député était Bernard Nouel, écuyer, sieur de Bourdidel : il revint avec les lettres patentes qui suivent :

« LOUIS, par la grace de Dieu, roy de France et
» de Navare, à tous présens et à venir : salut. Nos
» chers et bien amez les bourgeois et habitans de notre
» ville de Morlaix, nous ont fait remontrer, que par

» lettres patentes du roi Charles IX. du mois de sep-
» tembre 1561. il leur auroit, pour les causes con-
» tenuës ausdites lettres, accordé et octroyé, et à leurs
» successeurs, manans et habitans de ladite ville,
» l'érection d'un corps de ville et communauté, avec
» pouvoir d'élire tous les ans et choisir desdits ha-
» bitans un maire, pour être chef et premier d'icelle
» communauté, deux echevins pour ses lieutenans,
» et douze jurats pour le conseil ordinaire et conduite
» des affaires communes de ladite ville de Morlaix, les-
» quels feroient observer les statuts pour la police de
» ladite ville, avec toute jurisdiction de cause qui leur
» étoit attribuée par lesdites lettres et tous autres privi-
» leges pouvoirs, jurisdictions et autoritez dont jouïssent
» et ont accoûtumé de joûr les autres communautez qui
» ont pareils établissemens, lesquelles lettres patentes,
» ayant été présentées à notre cour de parlement de
» Rennes, auroient été verifiées par arrest du mois de
» septembre de l'année 1562. pour la création desdits
» maires, echevins et jurats, avec modification et
» restriction de la jurisdiction contentieuse qui leur
» est ôtée, sur ce, les exposans se seroient pouvûs
» contre ledit arrest de modification, et auroient ob-
» tenu lors lettres de jussion pour lever icelles, les-
» quelles n'auroient été présentées audit parlement,
» par la négligence de ceux qui avoient l'administration
» et conduite des affaires publiques de ladite ville, et
» redoutant les exposans que ledit parlement feroit la

» même modification portée par ledit arrest, pour le
» fait de la jurisdiction contentieuse, les exposans
» nous ont requis nos lettres de confirmation des sus-
» dites lettres de mairie, pour en joüir seulement sous
» la modification dudit arrest. A ces causes, voulant
» favorablement traiter lesdits exposans, en conside-
» ration de l'affection qu'ils ont toûjours témoignée au
» bien de notre service ; avons, de notre pleine puis-
» sance et autorité royale, par ces présentes, confirmé
» et confirmons lesdites lettres de création de mairie
» ci-attachées sous notre contre-scel, pour joüir de tout
» le contenu d'icelles par les exposans et leurs succes-
» seurs ausdites charges de maire, echevins et jurats
» de ladite maison de ville de Morlaix, sous la modi-
» fication portée par ledit arrest de notredit parlement
» de Bretagne de 1562. Si donnons en mandement à
» nos amez et féaux conseillers, les gens tenans notre
» cour de parlement de Rennes, et à tous nos autres
» officiers qu'il appartiendra, que du contenu èsdites
» lettres et de ces présentes, ils fassent joüir et user
» lesdits exposans et leurs successeurs pleinement et
» paisiblement, nonobstant toutes lesdites ordon-
» nances et lettres à ce contraires ; car tel est notre
» plaisir ; et afin que ce soit chose ferme et stable à
» toûjours, nous avons fait mettre notre scel ausdites
» présentes, sauf en autres choses notre droit et l'au-
» truy en toutes. Donné au château de Madrid, près
» Paris au mois d'aoust l'an de grace 1637. et de

» notre regne le vingt-huitiéme, *ainsi signé*, LOUIS ;
» et sur le repli, par le roy, Bouthilier, et scellé du
» grand sceau à las de soye rouge et verte, avec le
» contre-scellé. »

HISTOIRE POLITIQUE DE MORLAIX (1561-1790).

L'histoire politique, proprement dite, de Morlaix est terminée avec le moyen âge, et la réunion du duché à la France, en substituant la municipalité à la ville ducale, a réduit la vieille cité guerrière et murée, au rôle pacifique et à l'existence toute intérieure des municipalités françaises du XVme siècle. Encore quelques éclaboussures des troubles civils du pays, les secousses de la ligue, quelques combats, des tenues d'états provinciaux ; l'histoire *extérieure* de la ville est achevée, et nous arrivons avec une désolante rapidité à cette époque de 1789, tracée en caractères ineffaçables dans les annales de nos moindres localités comme dans l'histoire du monde.

La réunion, tant préconisée par nos historiens bretons, n'avait guère assuré la tranquillité intérieure du pays : en 1546, le commerce morlaisien se plaignait du peu de sûreté de nos routes et du grand nombre de *larrons* et méchantes gens qui infestaient le pays : nous verrons les mêmes faits se renouveler plus tard, et notamment sous Louis XIV.

En 1568, Marie Stuart, reine d'Écosse, débarquée à Roscoff pour aller épouser le roi François II, passa à Morlaix où elle reçut tous les honneurs dus à son rang. Comme le cortège passait sur le pont Notre-Dame, le pont surchargé s'affaissa dans la rivière : un grand tumulte s'éleva, et le cri de *trahison !* partit du milieu de l'escorte : — « Jamais Breton ne fit trahison, » — reprit avec sang-froid le sire de Rohan, présent à la fête, et ce mot heureux mit fin au tumulte. La jeune reine passa deux jours à Morlaix, et y logea au haut de la rue de Ploujean, disent les uns, aux Dominicains, selon d'autres : elle fonda la chapelle de Saint-Treignou et posa la première pierre de la tour Saint-Mathieu (5).

Les années suivantes se passèrent exclusivement en débats tout intérieurs contre des juges royaux, le gouverneur du Tauréau, etc. Cependant la ligue approchait : le duc de Mercœur, qui allait bientôt en devenir l'âme, était venu en 1583, recevoir l'hommage des bourgeois morlaisiens, et six ans plus tard les cités commerçantes de la Bretagne formaient cette république fédérative connue sous le nom de la *Sainte-Union*, ligueuse par politique, neutre par inclination. De Roscoff à St. Malo, tout le littoral breton y entra : Morlaix organisa un gouvernement provisoire sous la présidence de son gouverneur, et fit partie de l'union jus-

---

(5) Notice historique sur Morlaix, par M. F. Gouin.

qu'à la reprise de la ville au nom du roi Henri IV.

Il ne nous est resté de cette époque curieuse qu'un registre de délibérations intitulé : « Cayer pour les affaires de la ville », et débutant par « les noms de ceulx qui sont deputtés par le corps de la ville pour de meshuy pour delibérer et ordonner sur les affaires de la ville » et « s'assembler trois jours la sepmaine sçav. le lundy, mercredy et vendredy a 9 heures du mattin à la salle des Jacopins (sic) de ceste ville. Comanczé ce jour vingt septième de 7bre 1589 an laquelle année p^t Jan Pinart procureur et Pinart Kanguen myseur de lad. ville de Morlaix.

Monsieur de Kquariou gouuerneur de la ville.

Mes^{rs} les seneschal, bailly et lieuten^t.

M^r l'archidiacre de Plougastel.

M^r le prouost du Mur.

Mr Guillme Quintin prieur de S^t. Mathieu.

Mr François le Levyer recteur de Ploujan.

Mr Yves Tanguy vicquaire de St Melaine.

Mr Kloaguen.

Mr Bourgerel.

M^r Du Vieulx Chatel Kourfil.

M^r La Boexière Plourin.

Mr Knegues Coatquiz.

Mr Kguaradec.

Mr du Restigou.

Yves Le Gac sieur de Kanprouost consul.

Yves Parthevaulx consul.

Jacques Gueguen consul.

Jean Le Levyer sieur de Krochiou.

Mr Yves de Knechriou sieur de la Vileneuffe.

Mr Francois Noblet sieur du Morlen.

Mr Jacques de Kgus sieur des Ysles.

Mr Guillme Le Grand sieur de Kscau.

Lesd. Pinart et Kanguen procureur et myseur.

Mr Guille Le Bihan jurat.

Morice Balauaine sieur du Mesily jurat.

Francoys Le Borgne jurat.

Jan Coroller sieur de Kuescontou jurat.

Mr Thomas Jagu sieur de Knegues jurat.

Guille Du Plessix sieur de Kango jurat.

Nycolas Nuz sieur de Kehunan jurat.

Yvon Lebailly jurat.

Vincent Kmerchou sieur de Trelanic controlleur.

Francoys Allin sieur de Poulraz comissaire du fort du Toreau.

Jan Floch sieur de Kbasquiou jurat.

Jacques de May Ksieur de morvan jurat.

Yves Jegou sieur de Tourbrunault jurat.

Rolland Salaun jurat.

Jan Calloet jurat.

N. Fouquet jurat.

Francoys Noblet sieur de Roudour.

Jan Kautem sieur de Kguern.

Yves de Botmeur sieur de Rosmeur.

Francoys Kerault recevr des fouages.

Jan du Plessix sieur de Coatserhou.
Yvon Kret.
Pierre Guillousou.
Yvon Perthevaux.
Guille Clech.
Thomas Prediry.
Jan Auffret.
Jan le Mynor.
Yuon Coadic. »

La majeure partie de ce précieux document est d'une écriture et d'une rédaction extrêmement hâtée, rempli d'abréviations et de corrections : en un mot, c'est plutôt un brouillon qu'un registre proprement dit. Nous ne pouvons mieux donner une idée des opérations de cette république bourgeoise du XVme siècle, qu'en citant au hasard des extraits de la pièce en question.

Le 28 septembre. Distributions de « bled aux pauvres. »

Le 28 octobre. « Le seigneur de Goesbriant a promys par serman par luy presté entre les mains de M^r l'archidiacre de Plougastel qu'il ne portera les armes et ne fera la guerre aux habitants et ville de Morlaix ny aux paroisses alliées par exprès à ceulx de Plestin sauff à lui a se pourvoir contre les gens de Plestin. »

Le 30 octobre. « Advisé que le guet et santinelles comanceront a six heures du matin — et que le corporal ne bougera de la santinelle. » — « Guillaume

Tangui a juré la Sainct Union entre les mains de monsieur l'archidiacre de Plougastel. »

Même jour, on travaille avec activité aux fortifications extérieures. « Pour auoir leuil sur la baryere de la rue des Vignes sont deputes Jean Guillemot et Jean Duboz. — Sur la baryere de la rue de Ploujan Gme Bigot et Vincent Moal. — Pour la baryere de la Fontaine Maurice Noblet (la rue de Saint Melaine) N. Moal. — Advisé que les deux pieces d'artillerye qui sont soubz les halles seront rendues au Palut Maran. »

Le 22 novembre. « Messieurs de Kmabon, de Kbournot et Kguelen ont juré l'unyon entre les mains de monsieur l'archidiacre et signeront sur ce cayer. — (signé) Pierre de Kmabon. » — « Passeport accordé por Mr Jacques Quaïnec. »

Le 27 novembre. « Lecture faicte de l'acte de serment faict par les paroyssiens de Guymaich le 26e 9bre pnt (acte d'adhésion à l'union). » — Idem de « Plouygneau, faict au prosne de leur grande maisse du 26 présent. » — « Le sieur de Klaz est d'advis que soient abatu les arbres de la rabine du lieu de Klaz. » — » Lecture faicte de l'acte des gentilshommes de Plouegasnou par lequel ils jurent la Sainct Union. »

Le 13 décembre. Les sieurs de Meshily et Kochiou sont chargés du transport des munitions, poudres, balles « achetées par le procureur de ville pour la deffance d'icelle » plus d'un « baril de pouldres de Flandres » acheté par le même. — Est avisé qu'il sera deliberé sur la requeste de Jan Jagu : sur celle de Pierre Oriot, néant : sur celle de « Jan Jeffroy, prisonnier, de Plouegaznou, » remis la deliberation a vendredi. La seance de ce jour a été tenue à l'hôtel de ville.

Le 25 décembre. On nomme trois députés pour conclure un marché de poudre. « Ordonné que les paroissiens de Plouegonuen payront les fraicts et la depansse qui fut faict à Plouegonuen lors du démoli » du château de Bourouguel (Bourouguel, sur les limites de Plouigneau et de Plougonven, probablement démoli par la Sainte Union comme appartenant à un seigneur royaliste).

Le 3 janvier 1590. « Advisé que le procureur de ville baillera un rolle des hostelliers et cabaretyers — pour loger les soldatz dudit sieur de Carné. » — « Assignation pour le compte de Yuon Le Baillif a demain un heure apprès midy et sera led. Le Baillif aduerty par le procureur de la ville. — Et pour le compte de Jean Du Plessix a vendredy un heure apprès midy. — Et la chambre a nommé — le sieur de Kerseau et le sieur de Kochiou pour contraindre les procureurs et miseur contables de la ville a conter. — Pour les comptes de Jean Kaultem à lundy un heure apprès midy. — Lesdits comptes a randre et examiner par messieurs de la chambre. — Le Mognec de Lannion eslargy poiant sa despance. »

Le 5 janvier. « Sur la requeste du sieur de la Villeneuffe est avisé que pour sa cotisation lui sera rabatu la somme de 9 escus. » — « Pour le faict du sieur de

Ksetan est aduisé que les député ci devant feront pris et acorderont avecque luy pour les artilleries et bouletz, et sera suivant les pris et acord remboursé par le procureur de la paroisse de S*t* Melaine ou par les deniers de la ville et ce pandant poira les cotisations. » — « Advisé que le sieur de Coatsiochan mettra ce jour l'original de son compte au greffe d'office à paine de vingt escus. » — Même injonction a Yvon Le Baillif et au sieur de Bodon.

Le 8 janvier. « Lecture faicte de la lettre de ceux de Roscoff presantée par Allain Kmelec : — sera escript à ceux de Roscoff comme (quoi) les habitantz se contantent de ladite response. » — Yvon Le Bailliff sera corporal pour la compaignie de Knegues. Jagu a presté le sermaut entre les mains de Monseigneur le gouverneur. » — Pour obvier au differant et difficulté qui se trouve pour le colligement d'un nouveau debvoyr aposé sur les vins, est advisé que les vendeurs de vin poiront ledit debvoyr aux fermiers sauff a eux de se faire rambourser ou accorder... avecque les achepteurs, et sera la presante ordonnance banye et aposée au bas de la panquarte a ce que autre n'en pretande cause dignorance.

Le 14 janvier. « Avisé que lon envoira des sergentz au lieu de Klan pour executer en ses biens jusques a cent escus, scavoir cinquante escus pour sa taxe et ensuite cinquante escus pour clore les ysues de sa maison à Morlaix pour la fortification de la ville ; et se feront lesdits sergentz poier, delivrer fraicts et salaires par ladicte dame de Ḳlan.... Et avant que lesdits sergentz partent pour aller à Ḳlan sera sa maison en ceste ville visité par le sieur de la Villeneuffe, Rosmeur, Ḳven et Pier Guillou pour scavoir sy l'on trouvera des meubles pour poier la somme. » — « Advisé que lon comancera à batir la muraille de la ville devers la muraille de Ḳviniou » les deniers seront fournis par Jean Caloet « Jusques a quarante escus. »

Le 17 janvier. « Advisé qu'il sera escript aux paroisses de sonner leurs cloches et s'amacer pour prandre et se saisir de ceux qui ravagent et enlevent les personnes et sy se metent en deffance. » — Bourdidel et Ḳbourdon sont chargés de pendre le prêtre Le Gac et autres ennemis « qui ont faict lesdits ravage et emprisonnements. » — Avisé que chaque *corporal* prendra cinquante livres de poudre a vingt et un sols la livre, « et chacun corporal poura contraindre les particuliers de son escoade de prendre tel nombre de pouldre qu'il advisera. » — Advisé que Francoys Guingamp randera tous les vesselles et meubles qu'il a de la paroisse de St. Martin, entre les mains de Jean Floch et Tombrunault et Jacques de May, lesquels baileront cinquante escus sur le gaige, lesquels seront employés à la fortification de la paroisse... Et a ce faire sera ledit Guingamp contrainct par corps et detention de sa personne dans troys heures appres midy de ce jour. » Pareille *expedition* pour les paroisses de St. Melaine et St. Martin.

Le 19 janvier. « Le sieur de Kgurunet deschargé de la charge de corporal en la paroisse de St. Mathieu.

Le 24 janvier. Les bois saisis au Val-Querret par les paroissiens de St. Martin, sont employés aux fortifications de la ville et répartis « tiers à tiers entre les troys paroisses. » — « Auparavant de demolir la maisoun des religieux de Saint Dominique estant en la rue des Vignes, sera faict estat. — Pour ce que lon a entendu que Nicolas Salaun, prisonnier, est espion, est dict qu'il sera retenu jusques a autres informations. — Advisé que sera bailé atestation au sieur de Coatlesper qu'il a tousiours favory le parti de l'Union et les habitantz de ceste ville leur ayant asisté de ses moiens et le tiennent pour bon amy. »

Le 26 janvier. « Advisé que le sieur de Bodou et Pierre Guillou... feront et baileront le diner de la chandeleur à la mode acoustumée le dimanche quatriesme fevrier prochain faulte de quoy faire sont des a present comme deslors condampnés chacun en quarante escus pour estre employes aux fortifications de la ville, et néant moingtz comparoîtront lesdits habitantz au soun de la cloche à la mode accoustumée en ceste salle pour deliberer des affaires de la ville. »

Le 1er fevrier. « Ollivier Le Roudault sieur de Poulbras jure « l'Union des catholiques soubz l'autoritté de monseigneur le duc de Mercœur. » Cette nouvelle formule, comparée aux précédentes, est un curieux document de la situation politique de la Sainte-Union bretonne à l'époque citée.

Le 9 février. — Les quatre écus de rente dus à St. Melaine, seront vendus au denier vingt, et le produit affecté aux fortifications de la paroisse.

Le 12 février. — Poulquinan, prêtre, est fait prisonnier par le sieur de Krochiou ; il est condamné à payer quatre-vingt-douze écus pour sa rançon, dont un tiers, frais rabattus, est remis à la ville. A la suite de cet événement, « est advisé que toutes autres qui ont faict prinses soict des deniers au personnes rendus en ville seront contrainctz au poiement d'un tiers de ce qui est prins hors ville et les deux partz de ce qui est prins en ville. » — Depuis, la chambre en considération des services du sieur de Kochiou, de sa « bonne volonté » pour la ville, et du malheur arrivé à son fils pris par les ennemis, lui a rendu le tiers qu'elle s'était d'abord arrogé.

Le 16 février. « Ordonné que touttes les nuictz les portes de la ville close seront fermées passé les dix heures du soyr et seront ouvertes à cinq heures du matin, et sera aussi l'ordonnance banye, » et les *corporaux* sont avertis de regler leurs heures de guet sur le present reglement.

Le 19 février. — Pour estimer les pierres tirées de la perrière de Jeanne Jagu pour les travaux des fortifications, sont nommés les sieurs de Kbasquiou et Tourbrunault. — « Permys aux paroissiens de St Mathieu de lever sur eux pour former des cotisations la somme de quatre cents escus pour estre employés aux fortifications de la paroisse, — EN ENTENDANT (attendant) COMISSION DU ROY OU DE MONSEIGNEUR LE DUC DE MERCOEUR » sont commis pour la perception monseigneur l'archidiacre, etc.

Le 19 février. — Décidé d'envoyer « secours et munitions au siège de Tonquedec (assiégé par la ligue). — Monsieur de Cleuzon sera prié de y aller... et cent harquebouziers de ceux de la ville. — Monsieur de Kgaradec nommé pour ordonner lesdits harquebouziers les commander avecque le sieur de Rosmeur et Yves de l'Eau. — Sera envoyé deux cents livres de pouldre à canon, cent livres de pouldre fine d'harquebouzes, et trente livres de mesches et cinquante livres de boulletz. — Est ordonné a Yves Le Bailly de bailler entre les mains du sieur de Kgaradec cent escus. — Sera faict diligence pour promptement faire monter la pièce d'artillerie qui est soubz les halles. — Sera le sieur de Kochiou prié d'aller avec la compagnie des gentz de pied. — Sera aussy escript aux paroisses pour se mettre en armes pour aller pareillement audit secours. — Seront aussy advertys les corporaux de St Mathieu St Melaine de nommer et advertir sept de leur compaignie et de St Martin les corporaux seront advertys » de nommer et avertir cinq hommes de la leur.

Le 21 février. — Reglement pour les seances de la chambre. Les membres qui feront défaut seront condamnés à une amende d'un écu par séance, de deux en certains cas; ceux qui auront fait des avances subiront des retenues lors des remboursements, les autres seront *contraincts* et le produit de ces dernières amendes sera employé à la discretion de la chambre. » — Il est décidé qu'au retour du sieur de Kven « il sera faict estat de ceux qui ont fourny armes, deniers ou chevaux pour aller à Tonquedec et de ceux qui pouvaient fournir et ne l'ont faict. » — « Yvon Le Baillif bailera houit escus oultre les cent douze escus quil a fournis, dont cent au sieur de Kven pour les soldats qui sont à Tonquedec, et les douze autres au procureur de la ville pour dépenses publiques.

Le 22 février. — Les sous-dénommés paieront « pour la solde des cinquante arquebouziers que l'on envoict à Plestin :

† Jean Floch....... 5 escus.
† Yvon Jegou...... 5 id.
† Jacques Demay... 5 id.
† Guillaume Kaguen. 5 id.
† Jean Du Plessix... 5 id.
† Vincent Kmerchou. 5 id.
† Kangoff......... 5 id.
† Jean Coroller..... 5 id.
Jean Pinart........ 5 id.
† Jean Caloet...... 5 id.

Monseigneur l'archidiacre offre dix escus a être remboursés sur les tailles. » — Le sieur de Kochiou est nommé pour commander les cinquante arquebusiers.

— Le sieur de Bourgerel refuse nettement le paiement de sa cotisation, qui est de cinquante écus.

Le 23 février. — Résolu d'envoyer aux habitants de Plouaret l'acte d'Union à signer. Les habitants de Plouézoch, qui ont fait apporter leur adhésion par leurs députés François Chapelain, Yves Gueguen, Jacques Henry, Guiomarch Quemeneur, sont gracieusement reçus dans l'Union et dans « l'amitié des habitants de la ville. » — Sur la requête des paroissiens de Plouigneau, le sieur de Kloaguen est prié d'accepter le grade de capitaine des paroisses de Plouigneau et de Plougonven, et autorisé à « prandre tel lieutenant qu'il vaudra. »

Bornons ici nos citations, déjà bien longues, et qui suffisent pour donner une idée de ce document isolé de l'époque. Les autres articles ne sont guère que la répétion journalière de ceux que nous avons cités, des gentilshommes ou des bourgeois venant jurer l'union, des règlements pour la garde ou la fortification de la place, des cotisations volontaires ou des impositions extraordinaires, des correspondances avec les villes ou les paroisses coalisées des évêchés environnants. Parfois quelques notes curieuses perdues dans ce long fatras : des suspects dénoncés, un homme du peuple condamné au gibet pour avoir dit : « Que les gens du roy de Navarre n'étaient pas moins bons catholiques que les autres, » etc.

Cette année 1590, la sainte union ayant demandé

des gens de pied aux diverses paroisses fédérées du pays de Tréguier, on fit une levée d'arquebusiers assez inégalement répartie sur les diverses paroisses. Ainsi Plougasnou, sur une population approximative de 4,500 âmes, fut taxé au maximum de trente hommes, un sur cent cinquante : Plouézoch, sur 1,500 âmes, vingt soldats, ou un sur soixante-quinze, différence du double : Lanmeur, pour 3,200 habitants, vingt hommes, ou un sur cent soixante : Plouégat-Guerrand, même rapport, dix soldats sur 1,600 hommes : Garlan, autant sur 1,000, un pour cent : Plourin et Ploujean, chacune douze, la première ayant près de 4,000 âmes de population, la seconde ayant au plus 2,300 habitants.

Les députés de l'union faisant les fonctions de jurats, furent, en 1592, le gouverneur, les trois juges et le procureur du Roy, l'archidiacre, La Boexière, Kmadeza, Coatanfrotter, Restigou, Villeneuve, Morlen, Kscau, Caloet greffier, Jagu sieur de Kneguès, Kbasquiou, Gme Le Bihan, Mesily, Kmorvan, Kvern, Kangoff, Tourbrunault, Coatglas, Khamon, Pierre Noblet, G. Salaun, les juges et consuls, Rosmeur, Kman, Nicolas Le Blonsart, le commissaire, Kanguen controlleur, Kgadan, Bodon, Coatserhou, Yvon Le Baillif, Kello receveur, François et Maurice Noblet, Keuzen, Guillaume de l'Eau. Les membres de l'union demeurent inconnus en 1593 et 1594, dernière année de son pouvoir : en 1593, elle autorise le procureur de ville Kangoff à faire acquitter les billets qu'il donnera au-dessous de dix écus. Elle tint quelque temps ses séances dans la chapelle St. Jacques, puis dans le couvent des Dominicains : les moines avaient loué la salle moyennant cent cinquante livres par an, et le marché avait coûté neuf pots de vin (1593) (6).

Morlaix est peu cité dans les premières années de l'histoire de la ligue. En 1590, les insurgés s'emparaient de Kouzéré, pendant que 3,000 royalistes s'assemblaient au pays de Tréguier pour venir sauver la place. Comptant surprendre les assiégeants en évitant Morlaix, les *royaux* avaient pris plus au midi sur le territoire de Plourin, pour retomber sur le chemin de St. Pol, entre Ste. Sève et St. Martin. Or, vers le même moment, les vainqueurs revenaient en très petit nombre avec leurs prisonniers par la route ordinaire : les deux troupes se trouvèrent par hasard à *deux traits d'arquebuse* l'une de l'autre, et avant que les royalistes eussent pu se remettre de leur surprise, les portes de Morlaix se refermaient sur les ligueurs à la barbe de l'ennemi décontenancé. Les prisonniers (Coetnizan, Goezbriant et autres) furent détenus au Château, puis transférés à Nantes sous l'escorte de Rosanpoul, Goulaine et Le Faouët : Coetnizan paya 20,000 écus de rançon, Goesbriant environ 10,000, et les autres suivant leur fortune (7).

(6) Mss Dauménil, p. 18.
(7) Histoire de ce qui s'est passé en Bretagne durant les guerres de la ligue, par Moreau, ch. VII et VIII.

Peu de temps après, Morlaix reçut dans ses murs les débris de l'arrière-ban de Cornouaille, battu à Plestin par la garnison de Tonquédec. Les jeunes seigneurs de Krom, du Rusquec et de Cremeur, frère de Rosanpoul, périrent dans cet engagement et furent ensevelis en grande pompe aux Jacobins de Morlaix (8).

Cependant la ligue se mourait, et comme s'il n'eût pas suffi pour l'abattre des nombreuses et journalières défections qui éclaircissaient ses rangs, une imprudence inouïe lui enlevait une de ses places les plus importantes. Le duc de Mercœur avait envoyé à Morlaix un de ses affidés, homme obscur et peu estimé dans la province, pour surveiller et contenir les dispositions déjà douteuses des bourgeois : l'agent de la police secrète du duc, une fois installé, semble avoir pris à tâche de s'aliéner tous les esprits par ses manières insultantes, et un jour dans une discussion qu'il eut avec le sénéchal Le Bihan, vénérable vieillard et *l'un des plus anciens juges de la province*, il s'oublia jusqu'à menacer de le faire pendre. Le sénéchal lui répondit que sans les égards qu'il avait pour son maître le duc de Mercœur, il l'eût lui-même, sans autre forme de procès, fait attacher à un gibet. Les bourgeois, indignés de la conduite de l'agent ducal, n'étaient que trop disposés par ailleurs à se détacher de la ligue. L'armée royale, qui était déjà à Lanmeur, à trois lieues

---

(8) Id. ch. IX.

de la ville, les sollicitait de se rendre, et une assemblée tenue à l'hôtel de ville pour répondre à ce message avait, sous les yeux même de Rosanpoul, gouverneur de la ville pour Mercœur, annoncé des dispositions assez défavorables au parti provincial (1594).

A la suite de cette séance, il s'en tint une autre secrète, d'une douzaine de notables, laquelle députa quatre de ses membres vers le maréchal d'Aumont, commandant pour le roi en Bretagne. Une troisième assemblée, publiquement tenue à l'hôtel de ville, délibéra sur la proposition du sénéchal, que l'on proposerait dix mille écus au maréchal pour ne point entrer dans Morlaix : et par un hasard trop singulier sans doute pour ne point avoir été prémédité, le choix tomba sur quatre membres de la séance secrète. Jean de Kloaguen Rosanpoul n'avait point assisté à la séance. Soupçonnant avec raison quelque machination, il fit courir après les envoyés. Mais ceux-ci avaient par précaution pris des chemins détournés, et arrivés auprès du maréchal ils lui remirent, au lieu de la proposition de dix mille écus, un projet de capitulation probablement rédigée dans la seconde assemblée, mais du moins dont la troisième n'avait eu aucune connaissance.

Le maréchal n'avait garde de négliger pareille occasion : il arriva à Morlaix, descendit par la rue des Vignes, et se présenta aux portes, dont les ponts-levis lui furent abattus par un orfèvre. L'entrée des royalistes se fit avec calme et discipline : Rosanpoul faillit même être surpris avant de s'apercevoir de leur arrivée, et n'eut que le temps de s'enfermer au Château avec soixante gentilshommes et cinq cents soldats : il voulut y faire entrer des provisions et y monter quelques pièces de vins, mais une arquebusade vigoureuse assaillit les ligueurs chargés de cette opération, troua les tonneaux et fit écouler sur place tout le contenu. Le Château était presque sans vivres, par la négligence du gouverneur, qui avait peu auparavant reçu deux mille écus spécialement affectés à ce service, et qu'on lui reprocha d'avoir détournés pour son propre usage : la famine se mit parmi les assiégés, renforcés d'ailleurs par l'arrivée d'Anne de Sanzay de la Maignane, commandant ligueur qui s'y était jeté avec quatre cents hommes.

Les forces du maréchal montaient à un total de 3,000 hommes, dont 2,000 fantassins, 300 cavaliers et 700 anglais qui débarquèrent à Morlaix durant le siège. La reine Élisabeth aidait ostensiblement le parti royaliste, dans l'espoir d'obtenir une place forte et maritime comme pied à terre sur les côtes de France : elle demanda d'abord Brest, puis Morlaix, le tout sans aucun succès. Vers le même temps arrivèrent au camp royaliste, d'un côté Lezonnet, gouverneur royal de Concarneau, de l'autre les députés de Quimper qui, un certain Olliver Endroit à leur tête, venaient offrir au maréchal d'Aumont l'entrée de leur ville. Lezonnet insistait fortement sur l'avantage de ces propositions, et le maréchal, tout en les remerciant de leurs bonnes dispositions à son égard, remit cette entreprise au premier moment dont il pourrait disposer après la prise du Château de Morlaix : puis il les congédia sur cette promesse.

Cependant le siège continuait, et des batteries établies sur les clochers de la ville battaient le Château sans interruption, pendant que les travaux des mines et des tranchées avançaient avec une rapidité remarquable. Les assiégés avaient élevé de leur côté des barricades et des fortifications dont la trace, bien conservée du temps du chanoine Moreau, a depuis longtemps disparu : leur courage était soutenu par l'espoir d'un secours prochain, espoir que leur avait apporté Lavallée, gentilhomme du duc, entré de nuit dans le Château. Aussi luttaient-ils avec ardeur contre l'ennemi et contre la famine qui les contraignait de manger jusqu'à leurs chevaux. La dame de Rosanpoul, enfermée dans le Château avec son mari, était sur le point d'accoucher : le maréchal d'Aumont l'ayant su, lui fit courtoisement passer de la volaille, des perdrix et trois ou quatre moutons qu'elle lui renvoya en le remerciant et lui disant qu'elle ne voulait d'autre nourriture que de celle de son mari. « Et non seulement en cela se montra-t-elle courageuse, mais tant que continua le siège elle se montra si résolue à encourager le soldat, sans aucune apparence ni signe d'étonnement, qu'elle plantait le cœur au ventre du plus lâche, ainsi que j'ai ouï le capitaine Rostin, qui était dedans la place durant le siège, homme fort vaillant, en faire le récit au seigneur duc de Mercœur, peu apres, en cette ville de Quimper, disant merveille de résolution de cette jeune dame (9). »

Cependant le duc de Mercœur, informé du pressant besoin que l'on avait de sa présence sous les murs de Morlaix, se hâtait d'accourir à la tête de ses forces franco-espagnoles. Entre Huelgoat et Le Cloître, dans la montagne d'Aré, ses chevau-légers attaquèrent un poste de trois cents cavaliers, l'élite de l'armée royale, et l'emportèrent sans grande résistance : cinquante hommes y périrent du côté des vaincus, et le sieur de Lesmais du nombre : soixante furent faits prisonniers : le reste se sauva, abandonnant morts, blessés et bagages. Les vainqueurs n'eurent aucune perte, et les royalistes du siège furent tellement abattus du succès de cette première affaire, que le maréchal fut conseillé de lever le siège, ce qu'il refusa : il se contenta de se fortifier davantage, et attendit l'ennemi, tandis que plusieurs des siens, découragés, faisaient filer leurs bagages sur Guingamp. Un événement inattendu sauva cette petite armée.

Mercœur avait descendu les montagnes d'Aré, et se trouvait dans les environs de Plourin, quand il fit ses dispositions pour le combat. Après avoir harangué

(9) Id. ch. XXV (Ed. Mesmeur).

ses troupes françaises, il s'adressa à Don Juan d'Aquila, chef des Espagnols, et lui demanda s'il n'était pas d'avis de donner sur l'ennemi. — Non, monseigneur, dit l'espagnol, comment voudriez-vous donner? — J'irai à pied, répliqua le duc, et donnerai tête baissée sur l'ennemi avec trois cents de mes gentilshommes, et vous n'aurez qu'à nous suivre. — Mes gens ne donnent pas tête baissée, *pero piano, piano,* » objecta l'espagnol, et il refusa d'aller autrement. La défiance du flegmatique Aquila avait été perfidement exploitée par d'Aumont, qui lui avait fait croire à une trahison invraisemblable du duc de Mercœur. « La guerre est presque terminée, lui avait-il dit : le duc n'a presque plus de ressource que dans la clémence du roi, et il l'a secrètement achetée au prix du sacrifice de ses alliés les Espagnols. Or, comment le ferait-il mieux qu'en les engageant dans un combat et en les abandonnant à eux-mêmes au fort de la mêlée? » Don Juan se retira à Quimperlé, et Mercœur retourna à Quimper en brûlant sur sa route le château du Granec, repaire du trop fameux Fontenelle.

Alors les assiégés demandèrent à capituler après cinq semaines d'une vigoureuse résistance : aussi les conditions furent-elles assez dures. Rosanpoul, le capitaine Rostin et Anne Sanzay de la Magnane demeurèrent prisonniers de guerre et furent dirigés sur Quimper, où ils restèrent prisonniers sur parole : les autres sortirent en n'emportant que leur épée, et on publia à son de trompe que tous seraient impitoyablement fouillés, même les femmes. Au dire de l'historien contemporain, « il demeura dans le chasteau un grand butin tant en or qu'en argent, joyaux, que autres richesses qui se pouvoient porter en cachette : » aussi la tradition populaire conservée à Morlaix ne met point en doute l'existence de riches cachettes dans les ruines du château ducal. L'héroïque châtelaine de Rosanpoul et ses demoiselles emportèrent toutefois sur elles une grande quantité de joyaux et un peu d'or, et la courtoisie de l'ennemi les dispensa heureusement d'être fouillées, ainsi que les capitaines auxquels la capitulation fut étendue. Rosanpoul y perdit toute sa caisse, ce qui lui fut très sensible : « et disoit-on que cestoit un juste jugement de Dieu... Dieu permit quil perdist et la place et argent et equipage, avec une grande rançon qui fut sa totale ruine, de laquelle il n'a jamais pu se relever. » (10) — 21 septembre.

Ainsi finit le dernier siège de Morlaix. Le parti de l'union y était de fait, complètement abattu : cependant l'assemblée démocratique qui la représentait était assez fermement consolidée pour qu'il y eût quelque péril à la supprimer, et elle put compter encore huit ans d'existence. L'année suivante, le maréchal d'Aumont leva une contribution de 321,500 écus sur la province : le pays de Tréguier, dont Morlaix faisait

(10) Moreau, ch. XXVIII.

partie, y entra pour 37,300 écus, « sans qu'aucun se puisse pretendre exempt de ladite imposition fors les gens d'eglise residans en leurs cures et prieurez et les nobles extraictz de noble lignée vivants noblement. » Taxés à 10,000 écus, les bourgeois de Morlaix pouvaient se réclamer du service qu'ils avaient rendu l'année précédente à la cause royale : ce moyen, malheureusement, ne leur parut guère avoir de chances de succès, et ils préférèrent alléguer que l'expression de *paroisses contribuables a fouaiges* employée dans la proclamation du 25 février, ne concernait point leur ville, qui était une *communauté*, non une paroisse, et que du moment qu'ils n'étaient point compris dans la taxe générale, ils devaient jouir du bénéfice d'un arrêt du roi même, portant qu'il ne serait fait aucune imposition sur le peuple sans expresse commission de sa majesté.

Cette pitoyable distinction disparut devant une lettre patente de l'année suivante, qui se plaignait en termes dignes, calmes mais sévères, du *refroidissement* des habitants, parla de la *pauvreté et nécessité des simples paroisses du plat païs*, du besoin extrême que les *compaignies* des gens de guerre avaient de paiement, du danger qu'il y eût eu *si les autres villes eussent fait le semblable et pris ce mauvais exemple*, et finalement confirmait la taxe de 10,000 écus assignés à la communauté dans la répartition totale (28 décembre 1596).

A la suite de toutes ces commotions, on sent que

les affaires publiques durent rester longtemps en souffrance. Une apathie générale s'était emparée des esprits : en 1602 , dernière année de l'administration de l'union, le sénéchal faisait sommer par sergents et condamner à l'amende les jurats récalcitrants. Les revenus publics étaient dilapidés : la dette de la ville était énorme (11).

En 1614 Louis XIII écrit aux bourgeois pour les prévenir de l'évasion du duc de Vendôme, et pour les avertir de lui défendre l'entrée de leur ville : en 1625, pour les prévenir que les Anglais et le calviniste prince de Soubise bloquaient et menaçaient les côtes de la Manche. Une nuit, un homme vient crier que l'ennemi est débarqué à Callot, et s'avance en forces : la milice se met en marche vers Taulé sans attendre M. de Brissac, commandant de la province. L'alarme était pourtant sans fondement (1627).

La guerre des trente ans qui venait de s'allumer, avait porté à son comble la misère populaire. En 1639, par suite de la perception des impôts, le peuple morlaisien se souleva, pilla, brûla, maltraita même des juges, et ne rentra dans l'ordre qu'à l'arrivée du commandant de la basse province avec ses maréchaussées et les compagnies irlandaises. Quelques hommes furent pendus, comme d'habitude, et tout fut dit. — Pendant ce temps, des armateurs morlaisiens équipaient

---

(11) *Notice*, etc. (par M. Gouin) p. 196.

des corsaires pour défendre le littoral infesté par des pirates (1646-1648). — Cinq ans plus tard, durant l'anarchie de la fronde, les désordres recommençaient : on maltraitait, on tuait sans répression, on se barricadait chez soi ou l'on fuyait la cité inhospitalière (12).

La guerre avec la Hollande éclata sur ces entrefaites : Ruyter menaça le Léonais ; la milice morlaisienne marcha : le roi, pour faire face aux frais de la guerre, établit la gabelle et le timbre, qui soulevèrent la Bretagne entière. Les Bas-Bretons s'insurgèrent en masse par des motifs plus politiques que de circonstance : ils ignoraient même ce que c'était que cette gabelle dont leur noblesse leur faisait un épouvantail. Un jour un étranger paraît sur une de nos routes, à peu de distance de quelques Bas-Bretons, qui s'écrient que cet homme vient sans doute apporter la gabelle : on s'ameute, on le poursuit. Monté sur un cheval vigoureux, il s'échappe, mais sa montre reste au pouvoir des paysans, qui se la passent de main en main, la tournent en tous sens, l'appliquent à leur oreille, sans pouvoir s'expliquer le mouvement de ce qu'ils prennent pour un animal extraordinaire. Un des patriarches au pen-baz, oracle du pays, l'examine avec un peu plus de soin, puis relevant la tête d'un air inspiré : « *C'est la gabelle !* » s'écrie-t-il, et le malheureux chronomètre est en un instant brisé sous le bâton des paysans.

(12) Id. p. 201.

Voilà pour le burlesque : cependant les insurgés couraient la campagne, saisissant les nobles du parti français et les pendant à leurs clochers. Des bandes se montraient aux portes de Morlaix, du côté de Plourin : le peuple pillait les magasins du timbre, et le bruit se répandait que la noblesse, à la faveur de l'anarchie, voulait piller la cité. On releva les remparts, on fit venir, pour la milice, des armes de St. Malo, on la paya a quinze sols par jour, et le calme se rétablit.

En 1734, une fête fut donnée à l'occasion de la prise de Philisbourg ; une question de préséance amena une collision entre la milice et les gens de justice. Ceux-ci eurent le dessous, leurs vêtements furent mis en lambeaux, leurs perruques brûlées, et quand l'ordre fut rétabli, le greffier et un huissier furent incarcérés. Les battus payaient l'amende.

En 1772, les états de la province se tinrent à Morlaix : ils furent l'occasion de vives discussions entre les *épées de fer* (nom qu'on donnait à cette époque à la petite noblesse du pays) et la bourgeoisie morlaisienne. Lors des fêtes que donna cette dernière, on voulut en exclure les dames nobles dont les maris avaient violemment mécontenté les bourgeois : du reste, on fournit de forts beaux logements au duc de Fitz-James, à l'intendant et à leurs dames, et on les combla de soins et de civilités. Cette tenue coûta 4,727 livres à la ville.

Les années suivantes sont remplies par les faits les plus insignifiants : c'était le calme qui précède la tempête. On pressentait vaguement qu'on allait entrer dans une révolution : la nouvelle des évènements du 14 juillet 1789 ne laissa plus de doute.

APPENDICE — ÉPIDÉMIES.

Nous avons peu de documents sur les épidémies qui ont à diverses reprises décimé l'ancienne population de Morlaix : mais ceux qui ont pu compter, il y a treize ans, les terribles éclaircies que fit le choléra dans la population condensée dans les quartiers de la vieille ville, pourront apprécier les ravages que produisaient les *pestes noires* des siècles précédents dans cet amas obscur de constructions irrégulières et malsaines, funeste héritage de l'âge féodal. Déjà, en 1564, la *contagion* s'abat sur Morlaix et emporte un miseur, Vincent Noblet : l'année suivante, le maire Pierre Kmerchou est également enlevé, et il est remplacé par le sieur de Pontblanc (13).

En 1595, une nouvelle peste vint fondre sur la ville. C'était l'époque où les bandes de la ligue, du roi de Navarre et de Fontenelle, ensanglantaient le pays de leurs stériles rivalités et s'anéantissaient en lui laissant pour souvenir la famine et la peste : le chanoine Moreau nous a laissé un tableau déchirant de cette monstrueuse période.

« A Quimper s'engendra une maladie incognüe mais

---

(13) Mss. Daumenil, p. 52.

contaigieuse, qui ne produisoit aucune marque extérieure, ni aux malades ni aux morts, et emportoit son homme en 24 heures, et s'il passoit le troisiesme jour en rechappoit. C'estoit un mal de tête et de cœur seulement. » Dix-sept cents personnes y périrent dans l'automne de 1594. — L'an suivant des pluies abondantes produisirent la stérilité avec son cortège ordinaire, la famine d'abord puis la peste. Les bandes, d'ailleurs, avaient tout enlevé. Les malheureux paysans se virent réduits à se nourrir de graine de lin, d'oseille sauvage et d'orties, qui prolongeaient à peine leur vie de quelques jours : les chemins et les fossés étaient remplis de cadavres qui devenaient la pâture des chiens et des loups. Bientôt cet affreux aliment manqua même à ces derniers, et ils se mirent à faire la chasse aux vivants, par troupes, avec un instinct qui fit croire aux populations effrayées que c'étaient des soldats morts et changés en loups garoux. A Quimper on était éventré en pleine rue. La contagion ne tarda pas : des paroisses de 2,500 âmes furent réduites à vingt : bref, on crut en 1599, à la naissance de l'Antechrist à Babylone.

En 1623, le fléau reparut, puis en 1626 ; de Morlaix il passa sur le Léonais, entra de Lochrist à Plouescat par Lesmelchen, le 24 août, et y emporta 320 personnes. — En 1640, il reparut à Morlaix, où nous en suivons les traces dans les colonnes, probablement bien négligées, d'un *registre mortuaire*.

Les décès de St. Martin en 1640, n'avaient été pour janvier, que de 3 ; pour février, de 9 ; pour mars, de 3 ; pour avril, d'un ; pour mai, de 8 ; pour juin, de 5 ; pour juillet, de 6 ; ceux d'août atteignirent tout d'un coup le chiffre de 19.

Ce fut le 2 mai, dans le plus beau mois de l'année, que l'effrayante nouvelle se répandit à Morlaix : un habitant de Guiclan, Jean Prigent, venait d'y mourir de la *peste*. Les décès de pestiférés furent ainsi répartis : en juin, 2 ; en juillet, 2 ; en août 17 ; en septembre, 26 ; en octobre, 10 ; en novembre, 3 ; en décembre, 1. — L'an 1641 ne vit pas un seul cas de peste, et en janvier il n'y eut même aucun décès de quelque nature que ce soit.

Si la perte des deux autres paroisses fut proportionnelle à celle de Saint Martin, on peut croire qu'elle n'excéda pas 180 décès, ou le cinquantième de la population approximative. La ville fut donc moins maltraitée que plusieurs communes rurales, surtout dans le Léonais, où l'état malsain des maisons d'habitation favorisait le fléau. Le mal fut beaucoup moindre que la peur, quoique la tradition locale l'ait exagéré au point de dire qu'il ne resta de vivants à Morlaix, que deux hommes, un boucher et un jacobin. Sur les 61 décès cités, 36 (les trois cinquièmes) appartiennent au sexe féminin, et tous, à l'exception de trois, à la classe inférieure. La période la plus forte de la maladie avait duré cinquante jours, durant lesquels elle avait enlevé 45 habitants à Saint Martin.

Du reste, les quartiers pauvres de la Ville-Neuve et du Clos-Marant, cette Cour-des-Miracles morlaisienne, avaient eu horriblement à souffrir : les chirurgiens, les prêtres, les moines, les *corbeaux* (croque-morts), furent surtout maltraités, et il fallut même les sequestrer provisoirement. Les Récollets de Cuburien, qui s'étaient noblement montrés en 1626, méritèrent de nouveaux éloges en 1640 : le père Boniface Boubennec se distingua surtout par les soins qu'il donna aux pestiférés de la Ville-Neuve. La ville ne fut pas ingrate : elle vota 1,500 livres pour traitement des moines pestiférés, et donna aux bons pères trente-cinq pots d'excellent vin d'Espagne *pour leurs messes.*

Il paraît que le fléau décima cruellement le Bas-Tréguier : nous n'avons pour garant que la tradition suivante que pourraient corroborer des recherches dans les registres de décès des communes rurales. — La *mort noire* décimait Plouézoch, et Plougasnou tremblait dans l'attente du fléau qui l'épargnait encore. Un paysan de cette dernière paroisse retournait un jour chez lui, quand il rencontra sur le bord de Goas-ar-c'hranket (ruisseau des crabes, dit aujourd'hui eau de Pont-Cornou) une vieille femme qui le pria de la porter sur ses épaules au-delà de ce ruisseau qui sépare les deux paroisses sur tout son parcours. Il obéit complaisamment, et la vieille se fit alors connaître à lui. « Je suis la *peste noire*, lui dit-elle : et je ne serais jamais entrée dans cette paroisse, si je n'avais pas trouvé quelqu'un pour m'y transporter. Cependant en récompense du service que tu m'as rendu, je consens à t'épargner, toi et toute la maison. » Et toute la population de Plougasnou périt, ajoute la naïve tradition que nous racontons, à l'exception de la famille de l'imprudent laboureur. La peste était femme de parole.

ADMINISTRATION MUNICIPALE.

Les lettres si précises de 1637 devaient naturellement mettre fin aux tracasseries des juges châtelains contre l'administration morlaisienne : ce fut précisément le contraire qui arriva. Quand il fallut en venir à l'entérinement au parlement de Bretagne, les juges formèrent opposition, et l'arrêt du 13 août 1638 leur donna gain de cause. La communauté voulut envoyer des délégués à la cour pour se plaindre de ce déni de justice : mais les juges, parents ou alliés de la plupart des membres de la communauté, parvinrent à empêcher cette démarche, et les deux parties conclurent une capitulation verbale, d'après laquelle :

La ville ne devait élire qu'un procureur syndic et douze jurats, et les juges devaient remplir perpétuellement les places de maire et d'échevins, la première par le sénéchal, les deux autres par le bailli et le lieutenant. Du reste, ces trois administrateurs ne devaient avoir aucune voix délibérative à la communauté, ni d'autres fonctions que celles de présider et de recueillir les voix, savoir, le maire, en l'absence du gouverneur, et ainsi des autres. Les jurats et quelques notables à eux réunis devaient régler seuls les affaires de la ville.

Cette transaction toute d'usurpation d'une part et de sacrifice de l'autre, au lieu d'apaiser les discussions les ralluma à un tel point, que le parlement dut envoyer un commissaire à Morlaix *pour y tenir la maison de ville et régler les désordres d'icelle* (22 décembre 1653).

Ce commissaire (M. Le Febvre de Laubrière) n'ayant pas donné de suite à son enquête, M. de Sévigné de Montmoron lui succéda (15 août 1654). L'enquête de M. de Sévigné renversa aisément cet habile échafaudage d'injustices : il fut prouvé « qu'en vain tous ceux qui avoient voix délibérative en communauté prenoient des délibérations sur les affaires publiques qui y étoient proposées, que les juges empêchoient la signature de ces délibérations, » et autres passe-droits du même genre. En 1649, la ville était chargée d'un procès avec le gouverneur, qui demandait 1,000 livres pour son logement et 15 à 20,000 pour arrérages : la ville y avait été condamnée par arrêt contradictoire: Les greffiers de la juridiction avaient usurpé le greffe de la communauté : la chambre des comptes avait enjoint à la ville d'en nommer un (1629), et les juges, pour augmenter les revenus de leur greffe, avaient mis obstacle à cet établissement. Or, le greffier de la juridiction était en ce moment un nommé Le Breton, misérable précédemment condamné pour sacrilège et que la ville avait décreté pour ses exactions. Quant au consulat, les juges prenaient six sols par rôle de toutes les expéditions, et personne n'osait s'y opposer (14).

Du reste les juges sentaient si bien leur position en face de l'enquête, qu'ils ne songèrent même pas à se défendre : ils s'avouèrent battus, mais les faits étaient si graves que le parlement ne jugea point à propos d'intervenir. Ses sympathies secrètes, d'ailleurs, étaient sans nul doute acquises aux juges, et les dissensions continuèrent.

C'était l'époque du règne brillant et despotique du *grand roi*, alors que ruiné par ses guerres insensées, il se voyait réduit à faire argent même des charges électives des municipalités. Ce fut ainsi qu'il supprima les anciens maires et créa pour les remplacer des charges vénales et héréditaires (15), dont les titulaires eurent momentanément gain de cause sur les gens de la justice. Dix ans après, le roi ayant *permis* aux communautés d'acquérir les nouveaux offices, sans doute avec une arrière-pensée de les leur ravir encore au besoin, la ville arrêta « que le Roy seroit supplié, le remboursement fait, de réunir au corps de la ville

---

(14) Mémoire d'Yves Calloët, prévot du Mur, et Ms. Daumesnil, p. 20.

(15) Édits de juillet 1690. — Août 1692. — Août 1696. — Mai 1702. — Janvier 1704. — Décembre 1706. — Octobre et décembre 1708. — Mars 1709. — Avril 1710.

et communauté, les offices de maire, lieutenant de maire, assesseurs, etc., pour en jouir par ceux qu'elle commettra aux mêmes privilèges que les maires en titre : — Que la communauté auroit la faculté de nommer de son corps un maire et un procureur du Roy sindic de deux en deux ans et aux appointements de 400 livres pour le maire et de 300 pour le procureur sindic : — Que pour subvenir aux remboursements de ces offices sa majesté accorderoit par continuation à la communauté les droits de quatre livres par tonneau de vin, etc. » La réunion demandée eut lieu en 1704 : la ville acquit en outre les offices de police qu'elle racheta des propriétaires (1711) et celui de procureur du roi qui lui coûta 13,200 livres (1708). Les gages du procureur qui étaient avant 1690 de cent livres, furent portés à mille par une délibération de 1692, et à 500 par une autre de juin 1703, restées sans effet. Les miseurs restèrent en titre d'office : cet emploi avait été, avant la création des offices héréditaires, tantôt réuni à celui du procureur syndic et tantôt séparé : vers 1745 il cessa de faire partie de la communauté.

Les tracasseries des juges recommencèrent sur ces entrefaites, après vingt-cinq ans de tranquillité non interrompue, sur quelques malheureuses questions de préséance aux cérémonies publiques : il y eut des échanges de protestations, et pendant ce temps les juges reprenaient place aux assemblées du corps municipal, signaient aux registres, sans que les maires osassent s'y opposer. Une décision surprise à l'intendant de Bretagne (1722) leur fut favorable : mais la ville obtint des lettres patentes confirmatrices des précédentes, et réduisant de moitié le nombre des jurats, avec d'autres légers changements de forme (29 avril 1730).

Les juges se pourvurent en cassation, et en attendant essayèrent comme par le passé d'avoir le premier rang aux cérémonies publiques. Ces futiles et injustes prétentions donnèrent lieu à une scène grotesque et ridicule, lors des réjouissances qui eurent lieu à l'occasion de la prise de Philipsbourg (17 janvier 1734). Le corps de la ville, après avoir entendu le *Te Deum* à l'église du Mur, était descendu sur la place de l'Éperon, où se trouvait la milice bourgeoise rassemblée en bataille autour du bûcher. Après un roulement de tambour, un des hérauts de ville présenta au maire un flambeau de cire, et le feu fut mis au bûcher. En ce moment le sénéchal et le procureur du roi arrivent précédés de quelques sergents et veulent forcer les rangs de la milice : les officiers leur opposent la consigne, mais ils répondent brutalement qu'ils s'en moquent, et ne pouvant percer les lignes serrées de la milice, ils s'emportent en injures et voies de fait, au point de jeter leurs torches allumées au nez des officiers. En même temps un de leurs huissiers saisit l'aide-major au collet et lui enlève son hausse-col qu'il veut empocher, quand surviennent d'autres officiers qui le lui reprennent : le greffier met la main sur l'épée d'un officier, il est repoussé et maltraité : le commis-juré se trouve aux prises avec un fusilier qui lui présente le canon de son mousquet, le premier huissier est colleté, l'huissier-audiencier accablé de bourrades, saisi au collet et son habit est mis en pièces. Là-dessus un *serpent artificiel* part de l'hôtel de ville et vient en sifflant passer sous le nez du malheureux greffier qui a saisi la corde de l'artifice, et dont la perruque prend feu comme de l'étoupe ; les gens de la justice se retirent confus, et les rires de la multitude les suivent jusqu'à leur demeure.

L'autorité supérieure dut statuer sur les scandales de cette journée : et pour donner une nouvelle application à un proverbe bien connu, le rapport du comte de Marbœuf, fait sur les lieux, fut tout à l'avantage de la ville. Le comte de Toulouse, gouverneur de Bretagne, écrivit une lettre sévère aux officiers de la justice, engagea doucement la communauté à avoir du respect pour le caractère dont ils étaient revêtus, et fit conduire en prison, par lettres de cachet, le greffier et le premier huissier, qui y restèrent près de trois semaines. Cet exemple profita aux juges, et la ville ne fut plus troublée dans l'exercice de ses privilèges.

Un édit de novembre 1733 suspendit pendant quatre ans toutes nouvelles nominations d'officiers municipaux. Depuis cette année jusqu'à 1758, on accorde aux maires une gratification annuelle de 600 livres. —

En 1740, un arrêt du conseil défend à la communauté d'entreprendre des procès sans la permission de l'Intendant. — En 1764, une ordonnance du roi enjoignit d'envoyer à la cour, avant les élections des maires, la liste des sujets éligibles.

En vertu des lettres de 1730, la municipalité se composait, avant 1789, d'un maire, éligible tous les deux ans ; — de deux échevins ; — de six jurats. Les élections avaient lieu le 1er janvier : le maire sortant devenait premier échevin et lieutenant du maire, le premier échevin sortant devenait second échevin. Les jurats étant remplacés par moitié, quatre nouveaux membres venaient à chaque nouvelle élection remplir le vide laissé par la sortie de trois membres et l'élection d'un quatrième aux fonctions de maire.

La forme employée pour l'élection du maire était celle-ci : on envoyait *en cour* la liste des membres éligibles (il fallait généralement, pour être éligible, avoir été quatre ans de suite dans les fonctions municipales) : puis, la liste approuvée, on procédait à un premier tour de scrutin, et les trois candidats qui se trouvaient avoir le plus de voix, passaient à un ballottage définitif : puis on procédait au remplacement des jurats et des autres membres sortant de l'adminstration locale.

Reprenons la liste des maires de Morlaix depuis 1637.

1638. Pierre de Kret sieur de Kdoret.

1639. Jean Guillouzou Sr de Kgavarec.

1640. Bernard Nouel Sr du Bourdidel : substitut, Bonou-Beaumanoir.

1641. Yves Coroller Sr de Kdannet.

1642. Philippe Harscoët Sr de Kvengar : seize jurats.

1643. Bernard Quintin Sr de Khuon : dix jurats.

1644. Bertrand le Gouverneur Sr de la Jossaye.

1647. Ollivier Crouezé.

1648. Mériadec Coroller.

1649. Maurice Floch Sr du Meshilly.

1650. Hervé Guillemot Sr du Verger.

1651. François Corre, écuyer, Sr de Kouzien.

1653. Le Cordier de Runescop.

1654-55. Yves Nouel, écuyer, Sr du Trochoat.

1657. Le Blonsart de Kvezec.

1658. De Kgroas de Kmorvan.

1659. Bernard Blanchard, écuyer, sieur de Trebompré.

1660. Louis Musnier, Sr de Quatremares.

1661. Maurice de Kgroas, Ec. Sr de Kroual.

1663. Jean Blanchard Sr de Kprigent.

1664. Bernard Frauquet Sr de Kbrat.

1665. Julien Belliu Sr de la Furlays.

1666. Jean le Cordier Sr du Spervot.

1667. Jean le Goarant, Ec. Sr de Khouin.

1668. Bernard Blanchart Sr du Mousterou.

1669. Guy Jegou, Ec. Sr de Guerlan : douze jurats.

1670 (10 février). François des Anges Sr de Losven : treize jurats.

1671-72. Jacques Allain Sr de Lamarre.

1673 (2 février) -74. François le Diouguel Sr du Poulfanc.

1675 (id) -76. Jean Le Gouverneur Sr de Chefdubois.

1677-78. Maurice Guillouzou, Ec. Sr de Kedern.

1679-80. *Noble homme* Joseph Coroller Sr du Nechcoat.

1681 (9 février) -82. René Bonnemez Sr du Bois.

1683-84. Guillaume Le Gac Sr de Kguereon.

1687-88. Jean Oriot Sr du Portzmeur.

1689-90. Le Minihy de Penfrat. — Mittem de Kigonan, miseur.

1691-92. François Le Gac de Lansalut, Ec., Sr de Khervé.

1693. Création des offices héréditaires : Jean le Bell Sr de La Muzardière, d'abord par intérim, puis par acquisition (1693-96) le sieur Larchiou, maire par intérim (29 juin 1693).

1697-1706. Jean-Baptiste Ferrière Sr de Kdonval. Syndics, Jean Blanchart Sr du Colombier 1698-99 : Tanguy Le Borgne, 1700-01 : François Le Gac de Lansalut, 1702, et procureur du roi de la sénéchaussée : Le Breton de la Borderye, lieutenant de maire, 1703 : de la Porte, idem, 1706 : le prévot du Mur : vingt-un jurats, 1706.

1707 (26 avril). Jerome Harscoët Sr de Pratalan, maire alternatif ; de la Porte, lieutenant.

1708. Ferrière (J.-B.) Sr de Kdonval : un lieutenant, six échevins, six assesseurs, douze jurats.

1709 (10 décembre). J. Harscoët Sr de Pratalan.

1710. J.-B. Ferrière Sr de Kdouval : lieutenant, échevins, etc., comme en 1708. — Un procureur du roi syndic et un substitut.

1711-12. J. Harscoët Sr de Pratalan : un lieutenant, six échevins, six assesseurs, huits jurats.

1713. Ferrière fils : alterne avec Harscoët, Jacques, en 1717. — La ville rentre en possession des charges municipales, et nomme :

1718 (1er janvier). Jean de l'Eau Sr de Kbabu : douze jurats.

1719-20. Barazer Sr de Lannurien : deux assesseurs. Penvern de Cottonec, miseur.

1721-22. Guillotou de Kever. — Urbain Jouy, miseur (1721-23).

1723-24. Jean de l'Eau Sr de Kbabu, jusqu'à l'entier acquittement des offices.

1725-26. Michel d'Origny.

1727-28. François Le Brigant sieur du Parc.

1729-30. Cuillerot de La Pignonière qui se prétendit exempt comme receveur des fouages et fut obligé d'exercer.

1731-32. Le Minihy Sr du Rumen.

1733-37. Joseph Daumesnil.

1738-39. Guillotou de Kever.

1740-41. D'Alençon. — Forville de Kanfors, miseur : Le Gris du Clos, son gendre, paie 16,000 livres de supplément et lui succède (1744) : sa veuve transmet ses droits à B. Labbadye, son second mari.

1742-48. Jean David.

1749-50. Pierre-Louis Pitot.

1751-52. Philippe Miron.

1753-54. Jean Lannux, receveur des Fouages.

1755-56. Jean Marzin Sr de Launay.

1757-58. De Cruypenninks.

1759-60. Mathurin Mazurié.

1761-62. Charles Sermensan.

1763-64. Tilly de Penanrun, meurt en exercice : la ville dépense près de mille livres pour ses funérailles. — Sermeusan, lieutenant.

1765-66. Pierre Barrère.

1767-71. Jean Lannux Sr de la Chaume.

1772-73. Jean François Trevegan Le Mérer.

1774-75. V. F. Pitot.

1776-77. Charles Lannux.

1778-79. C. J. A. Ange Macé de Richebourg, écuyer.

1780-81. François Giraudet.

1782-83. Mazurié de Pennannech. — Giraudet, lieutenant.

1784-85. Rannou.

1786-87. Dubernad.

1788-89. Behic, maire : — Dubernad et Rannou, échevins.

OFFICIERS SECONDAIRES DE LA COMMUNE.
REVENUS DE LA VILLE.

Après les charges municipales dont nous venons de parler, venaient immédiatement d'autres offices secondaires : c'étaient ceux de contrôleur du miseur, de commissaires, de greffier, d'avocat conseil de la communauté, de commissaire et autres officiers de police (voyez ce mot). Le premier, outre le contrôle des opérations du miseur, avait le registre des *montres de gens de guerre de la garnison* du Toreau : le second ordonnançait les dépenses de la miserie et *ordonnait sur les montres des soldarts de la garnison du château, fortifications, munitions de guerre... ponts et pavés de la ville :* ils avaient chacun soixante livres de gages, et étaient élus parmi les premiers officiers de la communauté (juge et consuls) en *dédommagement du temps qu'ils avaient donné gratuitement* aux affaires litigieuses du commerce(16). Louis XIV créa deux places de contrôleurs d'office (1690); mais celle de commissaire subsista avec quelques modifications : on nommait pour cette place tous les deux ans, les deux derniers juges précédents, avec chacun soixante livres de gages, d'après un arrêt de 1670.

Nous avons vu que longtemps, en dépit des ordonnances royales, le greffier de la juridiction remplissait

---

(16) Ms Daumenil, p. 80.

la même fonction auprès de la communauté. En 1655, un an après l'enquête Sevigné, la ville plaida pour en avoir un et gagna sa cause. Les gages du greffier de la communauté étaient de 18 livres en 1596, de 60 en 1606, de 40 en 1617, de 100 en 1636, de 300 en 1641 : les arrêts du conseil de 1668, 1670, 1681, les fixèrent définitivement à 50 livres. Cette charge fut vendue par Louis XIV comme tant d'autres, et rachetée par la ville.

Quant à l'avocat conseil de la communauté, voici, d'après les délibérations municipales, les devoirs et les obligations attachés à sa charge :

« 1° L'avocat conseil n'aura jamais en aucun cas et sous quelque prétexte que ce soit, droit, entrée, séance ni voix délibérative en communauté. — 2° Il aura seulement voix consultative dans le cas où la comunauté l'appellera à ses assemblées. — 3° Il n'aura cette voix consultative que dans les affaires où il plaira à la communauté lui demander son avis. — 4° Suivant l'arrêt du conseil de 1680, il aura 100 livres d'honoraires par an. — 5° Chaque nomination n'aura lieu que pour deux ans ainsi que celles des officiers municipaux, conformément aux lettres patentes du mois de décembre 1751. — 6° Pendant le temps de ladite charge il ne pourra être nommé aux places de maire, échevin ou jurat sous quelque prétexte que ce soit (17). »

(17) Élection Guillotou (1738).

En 1710, la chage de procureur du roi de police fut réunie à celle de conseil de la communauté.

Voici la liste des titulaires de ces divers offices telle qu'elle nous est parvenue.

1544. Pierre le Dymoine, greffier.

1552. Jean Kamunou, commissaire; Ollivier Marrec, contrôleur.

1564. Vincent Le Lay, greffier.

1569. Le même, contrôleur; puis Jean Le Boulloch.

1570. Pierre de Ksulguen, commissaire ; Jean de Botmeur, contrôleur.

1589. F. Colin, Sr de Poulras, comm. ; Vincent Kmerchou, contr.

1591. Y. Le Gac, Sr de Kamprovost, commissaire.

1592. Yves de Botmeur, comm. ; Guillaume de Kanguen, contr.

1593. Jean Tribara, greffier de la *Sainte-Union des catholiques :* Restigou, conseil.

1595. Yves Perthevaux, comm. ; Ollivier Nouel, contr. ; Kscau conseil.

1596. P. Noblet, comm. ; Maurice de Kret, contr. ; Dominique Prigent, greffier.

1597. Guy de l'Eau, comm. ; P. Guengamp, contr.

1598. N. Salaun, comm. ; Maurice Ballavesne, Sr du Meshily, contr.

1599. Le lieutenant de la jurisdiction et le sieur de Paligué, par usurpation ; puis Martin Rigollé et Nicolas Desportes, commissaire et contrôleur.

1600. Nouel Sr de Kdanet, et Coroller Sr de Kvescontou : le Sr de Mesauben, conseil.

1603. Y. Jegou Sr de Tourbrunault et Mathieu Floch, Sr de Kbasquiou.

1604. Bernard Nouel et Y. Geffroy, Sr de Kheren ; de Kgariou, écuyer, conseil.

1605. P. Kret Sr de Kdoret, et J. Quehou Sr de Coëtsaver : Mesauben, conseil.

1606. M. Rigollé Sr de Klizien, et J. Coroller Sr de Pratalan.

1607. Y. Kret Sr de Talengoat, et J. Kgroas Sr de Kmarquer.

1608. P. Noblet et F. Corre, Sr de Coateren : Du Quelennec, conseil.

1609. Mesanbez, conseil.

1610-11. N. Desportes Sr du Rest, et N. Nuz Sr de Kehunan.

1612. J. Coroller Sr de Kvescontou, et P. Quintin Sr de Rochglas.

1616. P. Oriot Sr du Meshir, et Chr. Noblet Sr de la Villeneuve : G. Quintin, conseil.

1617. N. Nuz, Sr de Kehunan, et F. Le Bionsart de Ktanguy : Jacques de Kmerchou, greffier.

1618. M. Nouel Sr du Ruguellou, et La Brehardière : Yves Richard Sr du Pin.

1619. B. Nouel Sr de Kdanet, et P. Oriot Sr du Meshir.

1623. M. Noblet Sr de Kversiou, et P. Guillouzou Sr de Goasrun.

1624. P. Quintin Sr de Rochglas, et G. Blonsart Sr du Penquer.

1625. Nouel Sr de Kdanet et Noblet.

1627. M. Floch de Kbasquiou et F. Le Borgne de la Villeneuve : greffier, Jean de Lesormel.

1628. N. Desportes Sr du Rest, et J. Le Goarant Sr de Kestec.

1629. Jean Guillouzou et Mériadec Ballavesne : René Toulgoet, conseil.

1630. Goasrus et Ballavesne Sr de Knonnen.

1631. F. Le Blonsart et Martin Sr de Lesquelen.

1632. Y. De Kgroas de Beuzidou et F. Diouguel Sr de Terrenez.

1633. B. Nouel Sr de Kdanet, et Tanguy Le Levyer Sr du Meshir.

1634. O. Guillouzou Sr de Rochledan, et Kgroas Sr de Penvern.

1635. N. Nuz Sr de Kehunan (remplacé par Corre Sr de Kouzien) et Goasrun.

1636. F. Noblet, contrôleur; greffier, F. Le Breton Sr de la Borderye, et les années suivantes.

1637. Lesquelen Sr de Kdannet, et Noblet Sr de Runtanguy.

1638. F. Le Blonsart Sr de Ktanguy, et P. Coroller Sr de Pratalan.

1639. P. Quintin Sr de Rochglas, et Y. Floch Sr de Kmorvan ; Tanguy Le Marant Sieur de Kbiriou, conseil.

1640. P. Calloet Sr de Kastanc, et F. Kgroas Sr de Kbouric.

1641. F. Le Borgne Sr de la Villeneuve, et N. Jegou Sr de Kdebennech.

1642. Corre Sr de Kouzien, et Diouguel Sr de Goasrus.

1644. Le Blonsart de Ktanguy et F. Coroller Sr de Kvescontou.

1659. Guillemot du Verger et Calloet de la Villeneuve remplacé, à cause de la parenté avec le miseur, par Guillouzou Sr du Goasruz.

1660. J. Oriot Sr du Runiou, et T. Guillouzou Sr de Kdudal.

1664. F. Le Diouguel et M. de Kgroas.

1667. Blanchart Sr de Kprigent, et J. Allain Sr de Lamarre.

1668. Harscoet Sr de Kvengar, et F. Bellin Sr de la Furtays.

1669. L. Musnier Sr de Quatremares, et J. Le Cordier Sr du Restigou.

1670. J. Oriot Sr du Runiou, et A. Carré Sr de la Renière.

1671. Blanchart Sr du Mousterou, et Le Diouguel : Ph. Coroller Sr de la Vieuxville, conseil.

1672. L. Musnier Sr du Mousterou, commissaire.

1673. F. Le Diouguel Sr de Lanruz, et J. Jégou Sr de Guerlan.

1674. Le Cordier Sr de Restigou, et Guillouzou Sr de Trovern.

1675. A. Carré Sr de la Renière, et J. Eon Sr de Villoroux.

1676. J. Allain Sr de la Marre, commissaire ; Jean de Kraul du Boislaurent, Ec. conseil.

1677. B. Blanchart Sr du Mousterou, idem.

1678. J. Jégou Sr de Guerlan, et Ferrière Sr de Buné.

1679. Des Anges Sr de Losven, et Le Gac Sr de Kguéreon ; F. Le Roux Sr de St. Molf, notaire, greffier.

1680. J. Eon Sr de Villoroux, et Harscoët Sr de Pratalan.

1681. J. Allain Sr de la Marre, et Fouquet Sr de Crechanton.

1682. F. Le Diouguel Sr du Poulfanc, et Ferrière Sr de Bussé.

1683-84. F. Le Cordier et Laurent Siochan, commissaires ensemble; de l'Eau Sr de Kbabu, contrôleur, 1683-87.

1687. Siochan de Pratérou, commissaire.

1691. Quemeneur Sr de Penfrat, commissaire en titre d'office; Ferrière Sr de Knoter, conseil. ; F. Criber, greffier.

1693. La Frégère, contrôleur d'office.

1697. G. Allain Sr de la Brosse, mort en 1707, greffier.

1702. Drillet de la Cassière, contrôleur, transmet cette charge à sa famille (Drillet de Lannigou et de

Penanprat), laquelle alterne avec Bernard : chacun des alternants paie en 1744, 6,000 livres pour *supplément de finances*.

1704. Nogues, commissaire.

1707. Harscoët Sr de St. Cosme, conseil; Gaillac, destitué, et Salaun Sr de Kmeur, greffiers.

1708. Le Bell Sr de la Musardière, commissaire.

1709. J.-L. Gourcun Sr de Komnès, procureur du roi du siège royal, greffier.

1710. Berterand de Savigné, commissaire.

1720. G. Aubry Sr de Restivern, greffier.

1725. G. Quentric, Ec., Sr de Kaël, greffier, mort en 1736. Sa veuve est continuée, à condition de fournir un commis juré. Cette charge écheoit à Regnault Sr du Mesnil.

1738. Guillotou, conseil.

REVENUS DE LA VILLE.

En accordant à nos communautés bretonnes des lettres d'affranchissement, les ducs nationaux durent leur mettre entre les mains les moyens de faire face aux dépenses plus ou moins considérables des municipalités. Celles-ci n'ayant que peu ou point de biens patrimoniaux, il fallut y suppléer par l'*octroi* de nouvelles impositions volontaires sur les boissons ou les objets du luxe : et comme les plus simples notions d'équité exigeaient que les administrations supérieures aidassent l'autorité locale à supporter une partie du fardeau qu'elle s'imposait volontairement, on joignit à ces premiers fonds des prélèvements proportionnels, mais toujours bien faibles, faits sur les impôts perçus dans les localités. — Ainsi Morlaix avait, avant la révolution, cinq branches de revenus bien distinctes : les octrois, les impôts et billots, les rentes sur les tailles, les deniers patrimoniaux et la ferme de l'enlèvement des boues.

1. OCTROIS.

La ville avait des octrois sous le duc Jean V, d'après un bail conclu en l'an 1426 : la perception s'étendait à Bourret et à Lanmeur. Trente ans après (9 novembre 1457) le duc Arthur accorda des lettres patentes pour la perception d'un vingtième sur les vins vendus en détail à Morlaix et dans ces deux localités.

En 1524 on percevait trente sols par pipe de vin de Gascogne, quinze par pipe de vin breton et cinq par pipe de cidre vendu en détail. Les droits d'entrée et de ports et havres étaient aussi à la communauté (18) : et six ans après la ville percevait de plus cinq sols par tonneau de vin, autant par tonneau de fer, et un sol huit deniers par portage de sel (19).

Charles IX étendit ces droits aux toiles, draps, laines, soieries, merceries, épiceries, vins et sels : il accorda un droit de pavage et un droit de péage sur les

(18) Ms Daumenil, p. 158.
(19) Le portage était de 16 charges de cheval.

bêtes à cornes et les charrettes chargées entrant en ville (20). Les lettres de conformation portaient que le produit devait être appliqué au traitement d'un prédicateur en *langage françois dans l'église du Mur*, à la construction d'un collège, d'une halle, d'une maison de ville, au paiement du roi de l'arquebuse, aux fortifications de la ville, à la construction d'un auditoire, à l'achèvement du couvent des Jacobins et de l'église des Carmelites : ces lettres de confirmation coûtèrent 4,500 livres à la ville, tant pour enregistrement que pour levée de l'opposition mise par le procureur syndic des états à la perception des droits (21) : d'autres lettres d'octroi d'un sol par pot de vin et de six deniers par pot de cidre et bierre, pour faire face à des travaux publics, avec confirmation pour six ans, avaient de même coûté 2,400 livres (22).

Au sortir de la ligue (1602) la ville présentait un état de déficit de 41,944 livres 49 sols, somme énorme pour l'époque, mais du reste, il faut le dire, horriblement exagérée : on y avait porté les dépenses de huit années, sans faire la part des recettes. Quoiqu'il en soit, la communauté obtint ce qu'elle demandait : on lui accorda la perception d'un sol par pot de vin vendu en détail.

Plus tard, nouvelle augmentation de douze deniers

(20) 7 juillet 1569.
(21) 7 juin et 29 décembre 1610.
(22) 17 novembre 1607 ; 21 juillet 1614.

par pièce de cidre, trois sols par tonneau de vin, deux sols par portage de sel, six deniers par peau de bœuf ou vache, cinq sols par tonneau d'étain, trois sols par tonneau de fer ou de plomb de deux milliers, cinq sols par balle d'étoffe de laine ou de soie fabriquée à plus de dix lieues de la ville (23). La confirmation portait prolongation pour neuf ans, à condition que le quart serait affecté à Notre-Dame-du-Mur, *en supplément de* fondation jusqu'à ce que le roi en eût autrement ordonné : le prévot du Mur avait fait insérer par surprise cette dernière clause contre laquelle la ville réclama, et elle ne fut point exécutée.

Sous Louis XV, les octrois de Morlaix consistaient en *anciens* et *nouveaux* octrois, savoir :

I. Le droit de 18 deniers par pot de vin et 3 deniers par pot de cidre vendu en détail dans la ville et les faubourgs : — d'un sol par pièce de toile de 100 aunes entrant à Morlaix : — de 3 sols d'entrée par tonneau de vin : de 6 sols par sortie d'un tonneau de vin, ou droit de pavage : de 2 sols par portage de sel : — de 5 sols par balle d'étoffe, etc. : de 5 sols par tonneau d'étain : — de 2 sols par tonneau de fer ou de plomb : — de 6 sols par bâtiment entrant en rivière ; de droit d'ancrage : — de 6 deniers par peau de bœuf, etc. : — de trois sols par portage de charbon de terre.

II. L'augmentation d'un sol par pot de vin et de 6

---

(23) Lettres patentes du 5 juin 1640, — 1663, — 1674, — 1683.

deniers par pot de cidre et bierre débités en détail (24) : le droit de 4 livres par tonneau de vin et 10 sols par barrique de cidre qui entrait en rivière : ce dernier accordé pour subvenir aux frais de rachat des offices supprimés (25).

2. IMPÔTS ET BILLOTS.

En 1490 (7 mars) des lettres patentes de Maximilien d'Autriche et de *Bretagne*, et d'Anne *Reine des Romains*, accordèrent à la communauté 1,000 livres (26) à prendre sur les impôts et billots de l'évêché de Tréguier. Cet acte, si curieux par les qualifications que s'y donnent les deux souverains, et probablement unique dans notre histoire, cessa d'avoir exécution quand le duché changea de maître.

Les droits d'impôts et billots, qui lui furent rendus en 1542, furent spécialement affectés à l'entretien du Taureau : sous Louis XVI ils étaient affermés 18,200 livres, ainsi réparties : 10,000 au gouverneur du Taureau, 1,000 à l'hôpital et les 7,200 restantes à la ville.

3. RENTES SUR LES TAILLES.

A la même époque, la ville jouissait d'une rente sur les tailles, créée par édit d'août 1720, au denier cin-

(24) Arrêt du conseil 7 juin 1689.
(25) Arrêt du 26 août 1704.
(26) Ou 20,000 francs de notre monnaie.

quante, et abaissée (27) plus tard au denier cent, sur lequel il y avait encore une retenue d'un quinzième. Au principal de 106,590 livres, cette rente formait 1,065 livres 18 sols, et avec la réduction du quinzième, 994 livres 16 sols 11 deniers.

4. DENIERS PATRIMONIAUX.

La ville n'avait, avant la révolution, que trois propriétés patrimoniales : une portion de terre enclavée dans l'enclos des Carmélites et dépendante du collège, rapportant 7 livres 10 sols par an : la palue Marant, afféagée 25 livres à M. de la Fruglaye : la porte St. Yves, acquise du domaine royal (12 septembre 1778) à titre d'afféagement roturier, à 75 livres par an. Elle renfermait plusieurs appartements affermés à une somme très modique (28).

5. FERME DE L'ENLÈVEMENT DES BOUES.

La ferme de l'enlèvement des boues et fumiers, faite pour sept années, rapportait annuellement 350 livres, payables en deux termes (1er avril et 1er septembre). En 1778, les sieurs Mallet, Pelle-Desforges, Duplessix Roquelin, etc., en étaient adjudicataires (29).

On peut voir par ces documents et les suivants,

(27) Arrêt du conseil, 19 novembre 1726.
(28) V. travaux publics.
(29) V. Police.

que les revenus de la ville, montant à 500 livres au quinzième siècle, atteignaient, au temps de la reine Anne, 1,100 livres (22,000 francs) : de la Ste Union, 6 à 8,000 livres (18 à 24,000 francs de notre monnaie) : 20,000 à 25,000 au dix-septième siècle, et de 45,000 à 60,000 sous Louis XV. Nous allons donner quelques points de comparaison pris au hasard parmi les nombreux baux passés entre la commune et divers particuliers, pendant ces quatre derniers siècles.

Le premier bail dont il soit mention date de 1427, passé devant Ksulguen et de la Forest passés, pour être, le produit, affecté en partie à la construction de la tour du Mur (14 octobre).

1450. La ferme du billot rapporte...............	522 l16 s10d
1451. Pour Morlaix, Lanmeur et St. Martin.....	560 15 00
1452. La même ferme........................	508 00 00
1460. Avec déduction d'un vingt-cinquième pour les *boutlans* (ceux qui poussaient aux enchères).....................................	615 1 11
1471 (10 novembre). Avec déduction de 15 liv. pour le fermier R. Quintin, qui a mis 108 *livres après la* ferme, et 7 liv. 10 sols à Quéllier, autre fermier, qui a *jetté* 30 *livres*......	622 00 00
1480. A R. Quintin...........................	600 00 00
1491. Philippe Marrec, receveur : recensement des *vendans vin* par la régie.	
Le Marchaix (Marchallach) donne 87 hôtelliers. 143 05 02d	
Bourret......26 id. 135 00 10	
St. Helene....60 id. 274 10 01	
La ville close. 42 id. 247 10 08	
Les champs, Lanmeur et Pontmenou...32 id.	1045 19 7
Avec les pardons St. Jean, St. François, Ste. Marguerite et la ferme des processions......... 245 12 10	

1497. Jean de Quelen, fermier............... 500 00 00
1524. Deux fermiers..................... 1130 00 00
1544. Droit d'entrée, ports et ha-
  vres (3 fermiers)....... 534 00 00   } 2054 00 00
 Impôts et billots (4 fermiers). 1520 00 00
1569. Ferme des deniers comm.. 1165 00 00 } 2405 00 00
 Ferme des impôts et billots. 1240 00 00
1593. Ferme des deniers comm.. 345 00 00
 Ferme des impôts et billots. 4000 00 00
 F. des devoirs du papegault. 134 00 00
 F. des deux pancartes ... 3231 10 00 } 8162 00 00
 Vente des bois de Coetmeur,
  donnés par Mercœur... 1031 10 00
 Ferme du Bodister....... 300 00 00
1603. Ferme des deniers comm.. 1303 4 00
 — des impôts et billots. 8000 00 00
 — du droit de pavage. 62 5 00 } 22412 9 00
 — — d'ancrage.. 50 00 00
 — des octrois (s. p. pot). 13000 00 00
1622. Ferme des deniers comm.. 2500 00 00
 — des impôts et billots. 6510 00 00 } 23860 00 00
 — des octrois........ 14850 00 00
1641. Ferme des deniers comm.. 3400 00 00
 — des impôts et billots. 7800 00 00 } 24700 00 00
 — des octrois........ 13500 00 00
1678. Ferme des deniers comm.. 3100 00 00
 — des octrois........ 14400 00 00 } 17524 00 00
 — de l'Hermitage.... 24 00 00
1711. Adjudication des octrois au Sr Bonnemez,
 à la charge de payer 63,000 livres pour
 le don gratuit des villes, 19026 liv. pour
 le rachat des offices de police, et 10360
 liv. par an, entre les mains du miseur :
 en tout pour 24 ans (1711-35)......... 330660 00 00
1735. La ville veut faire régir ses octrois pour son
 compte, et obtient une prolongation de 15
 ans : puis elle les adjuge à G. Jamet, pour
 15 ans, pour payer par an............ 32200 00 00
1743. Les impôts et billots adjugés pendant 10 ans
 au Sr Des Loges Le Moine, pour payer
 par an.............................. 13600 00 00
Vers 1789, on évaluait le produit des octrois à.. 21000l 00s 00d
Et celui des impôts et billots, à............. 8000 00 00

C'était un prix très modique : mais depuis 1772 la fraude s'étant introduite à Morlaix, fit baisser peu à peu les revenus publics aux deux cinquièmes (de 50,000 livres à 29,000), et la ville fut même momentanément réduite à contracter des dettes.

En 1790, les impôts et billots rapportaient 7946 l. 7 s. 6 d., et avec les 6 deniers pour livre, 8041 l. 13 s. 5 d.
Les octrois rapportaient :
1. Sur les boissons débitées à Morlaix :
   Janvier et février......1841 l. 00 s. 10 d.
   Mars et avril.........1687 18 4
   Mai et juin...........1702 »» 8
   Juillet et août.........1449 10 8
   Septembre et octobre...1872 5 10
   Novembre et décembre.. 855 5 3

En tout 9408 l. 1 s. 7 d. sur 727 barriques de vin 1/8 1/3, et 83 barriques de cidre et bierre 5/8 1/3 : — avec le sol pour livre 9878 l. 9 s. 7 d.

2. Sur les entrées ou sorties :
   Vins (1903 tonneaux 1/3 entrés)....7534 l. »» s. 10 d.
   Vins (1281 tonneaux 1/4 sortis)..... 369 7 6
   Ancrage (183 navires entrés)....... 91 10 »»
   Sel (408 charges 5/6).............. 40 17 8
   Cidre (81 tonneaux 1/2 1/12 entrés). 40 15 5
   Charbon (56 charges).............. 8 8 »»
   Draps (3 pièces).................. »» 15 »»
   Toiles (18037 pièces).............. 901 17 »»
   Peaux (494)...................... 12 7 »»

En tout 8999 l. 18 s. 5 d., et avec le sol pour livre, 9453 livres 16 sols 5 deniers.

3. Les peaux exemptes du sol pour livre (1385 pièces), 34 liv. 12 s. 6 d.
  Total des octrois............19340 l. 1 s. 11 d.

CHARGES DE LA VILLE.

Les charges ordinaires de la ville, à la même époque, étaient ainsi réparties :

1º Aux chanoines du Mur, 2,400 livres (délibération de 1687).

2º A la fabrique du Mur, 200 livres (même date).

3º Aux prédicateurs du carême, de l'avent, etc., 500 livres (30).

4º Aux divers membres de la communauté (conseil, greffier, commissaires de police (31), 760 livres.

5º Au secrétaire du maire, 450 livres, par délibération du 28 décembre 1779, la communauté reconnaissant la nécessité de cette place « dans tous les temps et surtout en temps de guerre où le maire est obligé de payer chèrement un honneur passager, en prenant à ses frais des aides indispensables. Elle est aussi d'avis que le secrétaire ne pourra être choisi que par la communauté assemblée, se réservant le droit de le destituer si le cas y écheoit, sur les plaintes que le maire en charge pourrait porter de sa négligence et de son inconduite. » Cretté, secrétaire de 1781, jusqu'à la révolution.

6º Au gouverneur de la ville, 600 livres (32).

7º Aux trois hérauts de ville, 225 livres par règle-

---

(30) Voyez plus bas, *Prédicateurs*.

(31) V. ci-dessus.

(32) V. *Gouverneurs de la ville*.

ment de 1681, portées à 300 livres par délibération du 17 septembre 1786 : l'intendant de Bretagne avait abaissé à ce chiffre les 600 livres votées par la communauté, le 20 du mois précédent.

8° Aux deux députés aux états, 400 livres, par règlement de 1681.

9° Au roi, pour *droits d'aides*, 18 livres 4 sols (même règlement).

10° A l'horloger du Mur, 36 livres (c'était alors le bedeau du Mur), et pour sonner *la campane* (la cloche), 6 livres. — Même règlement.

11° Au concierge de l'hôtel de ville, 200 livres, par ordonnance de l'intendant de Bretagne (33). La retenue du dixième fut supprimée en 1745.

12° Au commis à la marque des toiles, 500 livres par an ; conformément à l'ordonnance de l'intendant, du 3 mars 1738 : exempte plus tard de la retenue du vingtième. C'était, vers 1789, le sieur Andrieux.

13° Aux quatre scelleurs (34) des toiles, 400 livres, par ordonnance du 14 juin 1738, même exemption que les précédents.

14° Au professeur d'hydrographie, remplissant les fonctions de maître de quai, 400 livres (35).

15° Au médecin de la ville, 450 livres (délibération du 3 octobre 1754). Ce jour, le maire, considérant

(33) 20 mars 1737.
[34] Gens de peine.
[35] V. ci-dessous *Port*.

qu'il n'y a dans la ville d'autre médecin que M. Dugué, souvent obligé de s'absenter pour donner ses soins aux habitants des campagnes ; propose à la communauté de lui allouer une somme annuelle pour l'attacher à la ville, et spécialement au service de la classe indigente : le conseil lui alloue 500 livres réduits à 450 par l'intendant, à condition qu'il ne quitte la ville pour donner ses soins ailleurs, que « sur les permissions qui lui en seroient dellivrées par ecrit. » C'était, en 1756, M. Bouestard de la Touche.

16° Aux deux appréciateurs et garde-mesure des grains, 50 livres (36).

17° Aux douze tambours et au fifre de la milice, 260 livres : à l'armurier, 90 livres (37).

18° Pour fourniture au corps de garde, à partir du 15 octobre 1783, 2 livres 16 sols par jour en hiver, et 13 sols en été (38).

19° Pour éclairage de la ville, 4056 livres payables en deux termes (39).

20° Pour port de lettres, 75 livres.

21° Aux officiers du présidial de Quimper, pour quote-part de la ville aux gages du présidial, 200 livres avec déduction des trois vingtièmes (arrêt du 16 juin 1733).

22° Pour droit de maison franche, 300 livres. Par

[36] Ordonnance du 12 octobre 1652.
[37] V. *Milice bourgeoise*.
[38-39] V. *Police*.

transactions de 1618 et de 1671, les propriétaires en étaient : les Carmélites (100 livres), les sœurs de charité (100 livres), qui avaient acquis ces droits des sieurs Lannux de la Graix et Coroller : les sieurs de Chefdubois (75 livres), Franquet (12 l. 10 s.) et de Kstrat (12 l. 10 s.).

23° Pour Chefrentes, rentes feagères et foncières, rentes à St. Martin, aux Carmélites, à l'hôpital, aux sœurs grises, aux Dominicains, aux filles de la charité (40), 1599 l. 7 d.

24° Au sieur Boudin-Tromelin (rente constituée du 24 septembre 1733), 417 l. 17 s. 7 d.

25° Au sieur Beauvais-Chaillou, une rente constituée de 40 livres (41) et une autre de 57 livres, créée le 30 décembre 1776, et scindée par partage de 1780 entre les deux frères Greenlaw de Neuville.

26° Au sieur Cornic, une rente constituée du 2 janvier 1775, 200 livres.

27° Pour vingtièmes et deux sols pour livre, aux états de Bretagne, 4865 l. 4 s. 3 d.

CONSULAT.

En 1566, les habitants de Morlaix remontrèrent au roi Charles IX que leur ville « païs limitrophe du costé

---

[40] V. ces divers articles.
[41] V. *Biens de la communauté.*

d'Angleterre et d'Espaigne, en lesquelles la dicte ville commerce et trafficque de marchandises, et autant frequentent qu'en nulles aultres des villes du païs non seulement avecques les subjets du roy mais entre les estrangiers de sorte que par continuation du trafficq elle est de jour en aultre augmentée, et pour ce que souventes fois anviennent entre marchants quelques differents pour le faict de leurs marchandises, lesquels encores qu'ils deussent estre sommairement traictez sont tenus en telles longueurs par devant les juges ordinaires que le plus souvent les fraicts desdits procez excedent le principal »; et ils demandèrent l'établissement dans leur vill ed'une jurisdiction consulaire sur le modèle de celle de Paris (42).

En conséquence, par un édit d'octobre 1566, le roi permit au commerce de Morlaix de s'assembler pour élire cinquante notables bourgeois, lesquels trois jours après, devaient se réunir à leur tour pour élire dans le sein ou au dehors de leur corps, trois cousuls qui devaient être natifs du royaume, marchands et habitants de Morlaix. Le premier devait porter le titre de juge, les deux autres ceux de consuls des marchands : comme ceux de Paris, ils pouvaient connaître des affaires commerciales jusqu'à la somme de cinq cents livres. Ils restaient un an en charge, sans honoraires : mais on leur adjoignait comme secrétaires

---

(42) Ms Daumesnil, p. 188.

deux assesseurs choisis parmi les jeunes gens les plus capables de la ville, et se destinant au commerce.

L'élection des consuls avait lieu le lendemain de la purification, après une messe du Saint-Esprit, dans une assemblée générale des négociants de la ville : le doyen des anciens juges consuls présidait l'élection, recueillait les voix et annonçait le résultat des votes.

Par lettres patentes de 1676, Louis XIV adjoignit aux fonctions des consuls de Morlaix, celles d'inspecteurs des toiles. En 1701, le lieutenant-général de police forme opposition à l'exercice de cette fonction, qu'il prétendait s'attribuer : l'affaire traîna, et là-dessus la ville ayant réuni à son corps les offices de police, le maire, comme lieutenant-général, exerça depuis les fonctions de la charge en litige.

Ce ne fut pas du reste la seule attaque qu'eut à subir le consulat à Morlaix : les juges royaux, que cette création privait de la plus belle plume de leur aile, tournèrent momentanément contre elle les foudres dont ils ne cessaient d'accabler la municipalité. La création des consuls, comme le dit l'historien Mézeray, *fait secher sur pied la chicanne qui meurt d'envie de mettre la griffe sur un morceau si gras qu'est le commerce.*

Rien n'est plus curieux que les singulières vexations que la jurisdiction mit patiemment en usage pour reprendre ses anciens privilèges : elle parvint à glisser dans les affaires contentieuses portées devant les consuls, les procureurs qui grossissaient tellement les écritures et les frais divers que l'instruction des moindres procès devenait aussi ruineuse qu'avant l'institution du consulat. Cet abus cessa quand David, juge consul, eut exclu les procureurs du consulat et les eut remplacés par des mandataires amovibles, qui se prorogeaient ou se reformaient au gré des consuls aux élections annuelles, selon le plus ou moins de satisfaction qu'ils avaient donnée durant leur temps d'exercice.

Les consuls tenaient leurs séances dans la chapelle St. Jacques, d'où ils les transférèrent vers 1600 dans une maison particulière, et enfin à l'hôtel de ville.

Ils étaient les premiers membres du corps municipal dont ils tenaient la première place dans les cérémonies publiques et d'où ils sortirent d'après l'arrêt du conseil de 1730, qui ne fut pas toujours rigoureusement exécuté. Nous avons vu de plus que les commissaires de la communauté étaient pris dans les consuls sortants, en dédommagement du temps gratuitement donné par eux au commerce.

Comme il serait trop long de donner ici la liste complète des trois consuls annuels depuis 1566, nous nous bornerons à mentionner les juges-consuls dont la série nous est parvenue.

1578. Jean de Kgus.

1599-1601. Juges : Coroller-Kvescontou, Perthevaux-Penvern, de L'eau-Kbabu.

1605-43. Rigolé, Noblet-Kvezen, Le Bailly, Coroller-Pratalan, Ballavesne-Lannigou (deux fois), Nouel-Kdannet (idem), Nouel-Rugueilou, Poulmic-Traonchoat, Calloët-Kastang, Quintin-Rochglas, Blonsart-Penquer, Lesquelen-Kdannot, de Kgroas-Beuzidou, Corre-Kouzien, Blonsart-Ktanguy.

1654-1714. Coroller-Korven, Blanchart-Kprigent, Oriot-Runiou (trois fois), Harscoët-Kvengar, Guillouzou, Musnier Quatremarres, Blanchart-Mousterou (deux fois), Bellin-la-Furtays, Diouguel-Lanruz, Cordier-Restigou (deux fois), Carré-La-Renière, Allain-La-Marre (deux fois), Jegou-Guerlan, Eon-Villeoroux, Le Diouguel-Poulfanc (deux fois), Pioctran-Pratérou (idem), Coroller-Nechcoat, Le Gac-Kguéreon, Le Minihy-Penfrat (deux fois), Lansalut-Khervé, Le Bell-La-Muzardière (trois fois), Blanchart-Le-Colombier, Noguen, d'Alençon-les-Essarts, Bertherand-Savigné, Boudin-Launay, Saulnier-Villehay, Guillotou-Kéver.

1760-89. Beaumont, Sermensan, Peton, Le Merer-Trevegan, Le Gris-Duclos, Lannux-Descombes, Biré-Lamotte, Pitot-Duhellès, Pitot.

SÉNÉCHAUSSÉE.

On ignore la date précise de l'établissement de la sénéchaussée morlaisienne. Nous avons déjà vu paraître dans les premiers siècles de cette histoire, un baillif, un voyer et un sénéchal de Morlaix (1180-1235). En

1306, Alain de Chateaumen, écuyer, était voyer de Morlaix (43). Sous les ducs, nous avons pour sénéchaux Jean de Bourien (1478), le sieur de Krom (1480), Allain du Quenquisou et Pierre Le Cozic (1484-88) : pour baillis, Derrien Auffroy, et Tanguy de Ksulguen, commissaires pour les réformations de la noblesse et du domaine ducal au quinzième siècle, et Jean de Ksulguen : pour lieutenants du procureur ducal, Jean de Coatquiz, *passe*, et Auffroy Perot.

La sénéchaussée de Morlaix était, de temps immémorial, resserrée dans des limites fort étroites, par les jurisdictions de Penzez à l'ouest, et de Lanmeur et Bodister à l'est. La jurisdiction de Penzez venait jusqu'au quai de Léon, à la maison Mazurié et à l'*Hôtel Bourbon* : un poteau rouge et une croix indiquaient les limites. Quant à la cour de Lanmeur, elle fut réunie à Morlaix en 1566 (44); séparée de nouveau, et définitivement réunie au dix-huitième siècle.

L'auditoire se tint quelque temps dans une des tours du Pont-Borgne ou de la prison, et dans l'ancienne demeure des capitaines de Morlaix : en 1608, la ville demanda une augmentation d'octrois pour divers objets, notamment pour la *construction d'un auditoire*. Les travaux commencés en 1631, duraient encore en 1636 : on acheta pour l'agrandir une maison louée

---

(43) D. Morice, t, col. 1205.
(44) Ogée, v. Lanmeur.

75 livres. Hervé Lozach resta adjudicataire de ces travaux pour 23,000 livres.

Nous avons peu de renseignements sur le prix des charges de sénéchaux, baillis, procureurs du roi, substituts, lieutenants et greffiers de la juridiction : nous savons seulement que la place de procureur du roi coûtait 80,000 livres à la fin du règne de Louis XIV, et que J. Du Plessix-Quemeneur l'acquit à 10,000 livres (45). — 1532-1789 : *Sénéchaux :* Le Cozic-Tyhuel (1583), De Kgariou, de La Fontaine, Lebihan qui figura dans l'histoire de Morlaix sous la Sainte-Union, Ksaintgily-Kusoret (1597), Kmerchou, Quintin-Coatamour, Levier-Penarstang, Le Goarant, Kgariou-Kgrist, J. de Kgariou, Dorbel, Calloët-Toulbroch, Crouezé, Crouezé-Mur (dix-septième siècle) ; Siochan-la-Pallue, qui fut député aux états l'année suivante, Oriot-Kgoat, lieutenant-général de police, Salaun-Mesquéau, Guillo-Lohan (dix-huitième siècle).

Baillis. De La Forest, Lesmais, Ksaintgilly, Segaler-Mesgouez (deux fois), député à Rennes pour les affaires de la ville : Klen, Tournemouche-Bodon, Lollivier, Thepault-Tréfalégan, Oriot-Kgoat, Malbec-Villeneuve, Turgot-Kyven, Drillet-Lannigou, Auffray-La-Paynière, Duclos-Legris.

Procureurs du Roi. Jourdren (1544 — Le Borgne, substitut) : Kgariou-Kmadec, substitut (1569) : Des-

---

(45) Ms. Daumesnil, p. 271.

portes, Du Rest, Klen (1600) : Du Faou, Koulac, Calloet, substituts (1602-4), Kmerchou-Trezleau, Kmerchou-Kdudal, Calloët (Thepault de Leinquelven, substitut), Jacob-Kjagu, Gourcun, Gourcun-Komnès (1700), procureur du roi de la communauté, subdélégué, avocat-conseil de la ville, procureur du roi de police, etc. : Du Plessix-Quemeneur (Jean, Gme et A.-Toussaint, de 1719 à 1789).

Lieutenants. (1532) Le Bihan, Duval-Pinart, Jégou-Morval (deux fois), Kmorval, Guillouzou-Lesvern, Harscoët-St.-Cosme, Harscoët-Pratalan, Acquary-Kmoal (1713), Moreau-Lizoreux (1750).

GRANDE-VÉNERIE.

En 1607 on nomma à Morlaix un lieutenant particulier du duc de Sully, grand-veneur de France (46). Michel de la Vallée, lieutenant général en Bretagne, conféra ce titre à Vincent de Kmerchou, sieur de Trezleau, alors procureur du roi de la sénéchaussée. Son département comprenait les paroisses de Morlaix, Plouigneau, Plougonven, Lanmeur, Plouézoc'h, Plougasnou, Garlan, Guimaëc, Plouégat-Gallon, Botsorhel, Plouégat-Moysan, Plourin, Saint-Martin, Pleiber-Christ, Pleiber-Saint-Thégonnec et Taulé, avec leurs trèves Locquirec, Lanneanou, Henvic, etc.

(46) Idem, p. 275.

INSTRUCTION PUBLIQUE — COLLÉGE.

La ville avait, dès le seizième siècle, des *maîtres d'école de paroisses* (47) qu'elle payait sur ses revenus : c'étaient en 1592, Jean Larcher prêtre, Hervé Le Mercier et Charles Clou, les deux premiers à 180 livres chacun, et le dernier à 108. L'année suivante, les honoraires des trois maîtres furent portés à 510 livres : en 1594, à 345 seulement : en 1596, on eut quatre maîtres (Le Reflech, Larcher, Le Minorzec et Goulias), les trois premiers à 180 livres : en 1597, Jean Ricou, maître d'école à 32 livres.

Ces maîtres étaient choisis par les habitants des paroisses, et il y avait *collation baillée* à leur installation : outre les trois maîtres de paroisses, il y en avait un quatrième au *collége* de St. Nicolas, fondation particulière d'une date incertaine, où nous voyons Jean Camus payé à 120 livres pour huit mois de professorat, et Ollivier Sanquer à 6 livres, *pour avoir regenté deux petits enfants pendant deux mois* (1603).

En 1597, Le Bihan de Pennelé « comme bon père zélé et affectionné en tout ce qui specialement concernent l'erudition et instruction de la puerille jeunesse aux lettres et sciances de ceux qui en ont fait ou que par eux après en feront profession en ce bas païs de Bretaigne et dont pour leur en approcher la commodité

---

[47] Idem, p. 282.

qui jusques a présent ne leur a été pourveu en ses lieux par l'établissement nouveau d'un collège, » donne à la *communauté des nobles bourgeois de Morlaix* le lieu noble appelé Crecholy, avec ses logis grandement détériorés, un colombier ruiné, la cour, le jardin, les vergers, les parcs et pièces de terre, les pourpris, franchises, issues, appartenances et dépendances, le tout situé entre le chemin qui mène du bas de la rue de Notre-Dame-de-la-Fontaine au haut de la rue des Vignes et celui qui conduit du haut de la rue des Vignes à la chapelle Notre-Dame. Le tout à condition d'y faire construire un collège et « y établir régents et personnages doctes pour l'instruction de la jeunesse aux lettres humaines, » lesquels régents seront de l'église catholique, apostolique et romaine, et gouverneront le collège à l'instar des collèges de l'université de Paris ; desquels régents ledit seigneur de Pennelé se réserve à lui et à ses successeurs à perpétuité, la présentation et nomination, si bon leur semble s'en prévaloir, avec le droit de faire mettre leurs armoiries aux lieux les plus apparents de l'établissement, sans préjudice aux droits des autres bienfaiteurs à venir du collège : et si les enfants de la maison de Pennelé y sont envoyés, ils auront préférence d'une chambre et étude à leur commodité. Les régents doivent être à la charge de la communauté. Fait aussi condition expresse le donateur, qu'aucun prêtre qui ait charge ni cure d'âme, ni qui appartienne à une des églises de Morlaix ne soit admis dans le personnel, de même que ceux qui ont fondations ou chapellenies à desservir : « et ceux qui seront mis à régenter ne pourront être mis à d'autres affaires sous peine d'en etre démis. Si feront leçon et classe pour lecture et interpretation aux plus jeunes enfants du rudiment, dispotaire et syntaxe » et autres livres convenables : ils veilleront à ce qu'on n'explique aux élèves aucun livre entaché d'hérésie. Les membres de la communauté sont chargés de veiller à ce qu'aucun abus ne se glisse dans l'enseignement. — Le prévôt du Mur et deux échevins devaient y faire une visite trimestrielle : le personnel devait se composer d'un *principal régent*, de deux autres régents (surveillants), d'un maître d'école et d'un bon maître d'arithmétique (48).

Le Créchoty resta quelques années aux mains de fermiers (Gourhant, en 1600, Clocher, en 1602) pour dix livres par an : les réparations pour le collège commencèrent en 1609, et coûtèrent, durant cinq ans, environ 5,500 livres. Le procureur du roi avait inutilement mis opposition à cette construction.

En 1610, deux jésuites passant par Morlaix, au retour d'un pèlerinage à St. Jean-du-Doigt, y trouvèrent un accueil qui leur donna l'idée de comprendre Mor-

[48] Donation du seigneur de Pennelé, Launay et autres lieux [24 septembre 1597. L'original existe dans les papiers de la famille Pennelé], confirmation de 1601.

laix dans les vastes plans qu'ils formaient à cette époque pour s'emparer de l'instruction publique. Neuf ans après, les PP. Étienne et de Guernisac arrivèrent pour traiter de la cession du collège à la société : et dans l'assemblée du 8 janvier 1619, ils s'engagèrent à donner tous leurs soins à faire fleurir le collège ; et à y annexer des bénéfices jusqu'à concurrence de 3 ou 4,000 livres, les 900 livres affectées par la ville au traitement du personnel devant ensuite retourner à la caisse municipale.

L'administration prit la chose sous le point de vue financier, trouva l'établissement *grandement nécessaire, utile et proufitable*, consentit à tout, abandonna aux révérends pères le soin du collège, les sommes précédemment votées, et demanda une augmentation d'octrois dont les deux tiers seraient consacrés à l'achat d'un emplacement pour le collège projeté, lequel emplacement devait être choisi par la communauté, loin du port, pour la plus grande liberté du commerce. Des commissions furent nommées pour en conférer avec la société et les dignitaires compétents, mais il paraît que des difficultés survinrent, et l'affaire en resta là.

Quelque temps après, la discorde se mit entre le principal et les régents, lesquels *faisoient si mauvais mesnage que les escholiers ne pouvoient prouficter aux estudes pendant tout ce discord.* La ville nomma des commissaires pour statuer sur ces désordres : mais la peste vint désoler la ville ; le principal déserta avec quelques élèves, et la ville nomma à sa place le *premier régent* Corre, qui ouvrit ses cours dans la chapelle St. Jacques. Le principal rentra ensuite et fut obligé de payer son suppléant.

Les premiers régents connus du collège sont Du Louet et Y. Louet, payés à 180 livres par an chacun : Fougères, successeur du premier, est installé en 1601, *avec collation* : De Limbahu, *principal régent*, à 150 livres par an, avec Cureau, régent au même traitement (1602-3).

En 1604, Crotta, principal, à 900 livres par an, avec collation à la sortie : Barre et Cureau, régents, le second à 151 livres de traitement annuel.

En 1605, Laurans, prêtre, principal à 600 livres, qu'il n'obtint qu'en plaidant.

1606. Pierre de Batz, à 900 livres.

1616. Jean des Bois.

1617. Collebois, qui fut enseveli aux frais de la ville, attendu qu'il n'avait *laissé aucuns meubles ni biens pour y subvenir.*

1618. Blandin, prêtre, qui ne put être payé qu'en plaidant contre la communauté. — F. Corre de Kbasquiou, gouverneur.

1660. Marc le Dizeul, chanoine doyen du Mur.

1663. A. T. de la Villefort, principal et régent, marié. On se plaignit durant son administration que les *places de régents n'étaient point remplies*, que la *chapelle n'était point desservie, qu'on n'y disait aucunes messes :* et une enquête prouva que ces derniers reproches étaient fondés.

1680 et 1688. G. et P. Le Gall, prêtres de Saint Mathieu.

1700. G. Le Gall, laïque et marié : bon et soigneux administrateur, mais *sans lettres* et n'étant qu'un *maître d'écriture :* il fut destitué en 1718.

1718. Loscun, prêtre de Saint-Melaine ; il releva les études négligées sous G. Le Gall et mourut d'une chute faite dans la cour du collège.

1723. Carré, prêtre, *ne satisfit pas le public.*

Sous son successeur, l'abbé Polozec, dont on vante la capacité, le sieur de Penuelé prétendit à la nomination du principal, nomination que jusque-là la ville s'était toujours arrogée. Le procès n'eut aucune suite, car le collège tomba vers la même époque, soit à cause de ce procès, soit parce que les bâtiments tombaient depuis longtemps en ruine. On avait pourtant dépensé en réparations, vers 1640, 500 livres : en 1644, 400 livres : en 1660, 270 livres : en 1668, 1,200 : en 1701, 900 livres. — Le collège de Crecholy fut ainsi abandonné, et trente ans après un maire de Morlaix écrivait que *l'éducation publique* avait *cessé dans la ville parce que plusieurs habitants qui pouvoient y envoyer leurs enfants n'étoient pas assés riches pour les entretenir ailleurs* (49).

(49) Ms Dauménil, 283-290.

Ce triste état de choses frappa à diverses reprises l'attention des amis éclairés du bien public. En 1764, M. Tilly de Chefdubois, avocat et ex-jésuite, imprimait un mémoire à l'effet de prouver que Penanru-Troudoustein serait avantageusement situé pour rétablir un collège, moyennant un prix suffisant de location ; il se proposait lui-même pour l'enseignement. Ce projet n'eut aucune suite.

Un mémoire manuscrit de 1778 du corps municipal pour le rétablissement du collège, renferme de curieux détails sur l'instruction publique à Morlaix, avant la révolution (50). On y voit qu'au dix-septième siècle les externes payaient cinq sols par mois pour tous frais d'éducation : on y lit ces lignes singulières : « Des instituteurs isolés et qui n'ont jamais fait corps, sont difficilement gouvernés. L'autorité d'un principal excite quelquefois la jalousie sans inspirer la soumission..... Un corps religieux accoutumé par état à l'obéissance, semblerait à tous égards plus propre à l'instruction de la jeunesse. Les P. S. Dominicains ont des collèges dans quelques autres villes : ceux de Morlaix se porteraient sans doute à concourir au bien public en se chargeant de l'instruction, leur ordre dévoué aux sciences est digne de cette préférence, et leur couvent est dans une situation avantageuse pour y envoyer les enfants. »

(56) Lu au conseil dans la séance du 2 septembre 1778.

En 1789, il existait à Morlaix un établissement placé dans une maison appartenant à la ville, et portant le nom de *collége* : la ville payait à M. Geslin, principal, un modique traitement de 400 livres. Outre le principal, il y avait deux autres maîtres, MM. Corffdir et Le Pichon. On y enseignait l'écriture, la lecture, le latin et le français : le prix de la pension était de 350 livres. Il y avait une quarantaine de pensionnaires et environ cent externes dont beaucoup, à ce qu'il paraît, à titre gratuit.

POLICE.

Avant la fin du dix-septième siècle, le soin de la police intérieure de Morlaix était partagé entre les officiers municipaux et la sénéchaussée, qui en retirait des profits plus lucratifs qu'honorables : il paraît même que cette police se faisait fort mal, et que le proverbe local bien connu daterait au moins de deux siècles (51). En 1618, la ville nomma ving-six commissaires pour les divers services de police urbaine. Ils furent ainsi répartis :

Pour les balances du moulin, poids du blé, etc., de l'Eau-Kbabu et Guillouzou du Plessix.

Pour les fours de St. Melaine, Quintin-Rochledan, Harscoët-Pratalan : — de St. Mathieu, Kret-Kdoret,

(51) Ms Daumenil, p. 140.

Nuz-Kehunan : — de St. Martin, le même Nuz-Kehu, nan, Nouel, *honorable* homme François Kunan, marchand.

Pour les boulangers, Kdren du Lizy, Blonsart-Ktanguy.

Pour la boucherie et la poissonnerie, de l'Eau Croasarmerdy, de Kvastoué.

Pour les toiles : Nouel-Kdanet, Coroller-Kvescontou.

Pour les gens sans aveu et *pour favoriser les nouveaux habitants :* en St. Mathieu, le Goarant-Kestec, le Borgne-la-Villeneuve : — en St. Melaine, Nouel Kdanet, Nuz-Kehunan : en St. Martin, *honorables marchands* François Le Carganou, Yves Morven.

Pour les cochons et boues : à St. Mathieu, Calloët-Kastang, Jegou-Guerlan : à St. Melaine, Quintin-Khamon, Oriot-Meshir : à St. Martin, Corre-Kbasquiou, Ballavesne-Knonnen.

En tout vingt-six commissaires, dont deux semblent en double emploi.

Le premier arrêté connu de la police morlaisienne est de 1600 : il regarde la police des porcs vagants, et permet aux pauvres de l'hospice de les arrêter au profit de l'établissement.

En 1603, la police défend les accaparements de grains et interdit l'entrée de la rade à une barque chargée venant d'Irlande, et soupçonnée d'avoir la peste à bord. Trois ans après, fixation à 8 sols du pot de vin vendu en détail : les hôteliers abandonnent leurs débits, qu'ils reprennent bientôt après.

A la même époque, les persécutions de la reine d'Angleterre en Irlande avaient jeté sur nos côtes une multitude d'Irlandais qui se livraient à la mendicité, avec ou sans menaces. A Quimper, on les accusait de *vacquer par les champs à l'oppression du public :* à Morlaix, en 1606, ils furent expulsés avec d'autres gens sans aveu et reçurent ordre de se rendre à Roscoff et de là dans leur pays.

En 1625, Quintin-Khamon, Floch-Kbasquiou et Corre-Coatcren étant commissaires de police, on défendit par une ordonnance aux marchands anglais établis à Morlaix et en général à tous les réformés, l'exercice public de leur culte, à moins *d'avoir fief de haubert :* ils réclamèrent contre cette intolérance gratuite, et il y eut procès contre la sénéchaussée. — La même année, les repas d'auberge furent fixés à douze sols ; la dînée de cheval à cinq ; la nuitée, souper et lit à douze ; le vin de Bordeaux à six deniers la pinte; celui d'Aunis, d'Anjou et de Poitou, à cinq deniers : le tout sous peine de trente livres d'amende. — La ville paya cent livres à Jean de Laage jeune, chirurgien, pour avoir guéri Catherine Jézéquel *d'un maurais mal* (1626).

En 1642, défense d'acheter du beurre en gros avant le 20 juillet.

L'édit de Louis XIV (octobre 1699) qui créa des charges vénales de police héréditaires sous les titres de procureurs du roi, de conseillers, de commissaires et de greffiers de police organisa une jurisdiction rivale à côté de celle des maires, lesquels restaient chargés de la police des quais, du port, des fontaines et pompes, du marché aux toiles et de la garde urbaine. Après de nombreux et stériles conflits, la communauté éclairée par le maire sur les avantages à retirer de la réunion des offices à la municipalité (1709), fit faire des ouvertures aux juges qui prêtèrent très volontiers l'oreille à un arrangement : ils demandèrent seulement une juste indemnité, qui leur fut aisément accordée.

L'office de procureur du roi de police fut racheté moyennant 5,280 livres (4,000 prix primitif de l'office, 500 taxe d'augmentation, 480 montant des deux sols pour livre). Celui de lieutenant général, 10,266 livres (8,000 prix de la charge, 1333 pour taxe, 933 les deux sols pour livre). Ceux des trois commissaires, 2640 livres (1,800 de principal, 600 de taxe, 240 deux sols pour livre).

La déclaration du 19 août 1710, confirma ce remboursement, qui eut lieu l'an suivant. Les titulaires des charges de 1700 à 1710, avaient été Le Diouguel de Tremeur, lieutenant général ; Le Gac de la Provotais, procureur du roi ; Berthesand de Savigné, de l'Eau de Kbabu, Boudin de Launay, commissaires.

Après la réunion, l'office de lieutenant-général fut annexée à la charge de maire, le greffe à celui de la communauté, l'office de conseiller du roi aux échevins et aux deux premiers jurats. Les procureurs du roi n'avaient point d'émoluments, mais on leur affecta en dédommagement la charge de conseil de la communauté, produisant cent livres de rente. Une délibération de 1742, affectant 200 livres au procureur du roi et 100 à chacun des commissaires, resta sans effet.

Les commissaires se prenaient d'abord parmi les plus notables habitants, et plus tard parmi les gens de loi : originairement fixés à deux par paroisse, ils furent ensuite réduits de moitié.

Procureurs du roi depuis 1710 : J. Chevallier, de Boisbilly, de Vréville, Guillotou de Kdu (1738), Guéguen de la Villemarie, Guillotou de Kdu, Brichet de Kadenec.

Commissaires : En 1711, Saulnier de Villehay, Bertherand de Savigné (St. Mathieu) : Guillotou de Kdu, Sermensan (St. Melaine), et Noblet, Barazer de Lannurien (St. Martin). — En 1733, six autres : en 1741, trois seulement : ce sont les seules années qui nous donnent des listes du personnel.

Les registres de la police morlaisienne remontent à 1711. — Qu'on nous permette ici quelques citations : rien ne fait mieux connaître la vie intérieure de nos petites municipalités avant la fin du dernier siècle.

Le 16 août 1713. — Le procureur du roi remontre « qu'il a eu advis que plusieurs habitants de cette ville et fausbourgs tirent journellement des fenestres de leurs maisons mesme dans les rues sur des pigeons quy se nichent dans les murailles des maisons de cette ville, ce qui estant un abus mesme contre les ordonnances du roy quy fait les deffences de tirer sur les pigeons : » et voulant remédier aux accidents qui pourraient arriver si l'on venait à atteindre les personnes qui se trouvent dans ces maisons, requiert qu'il soit fait défense de tirer à l'avenir sur ces animaux. — La cour, en conséquence, défend de tirer ni faire tirer sur aucuns pigeons, « et particulièrement ceux nichés contre l'Hostel-Dieu, à peine de cinq cents livres d'amende. » — « Que comme le temps a été contraire par les pluyes continuelles » qui ont avarié les foins, et que les hôtes, cabaretiers et autres gens « faisant profession d'amasser des foins en greniers, serrent et logent lesdits foins quoique ils ne soient point secs, ce qui pourrait causer que le feu se prenant dans les dits foins » la ville est menacée de perpétuels incendies, requiert que l'on ne puisse emmagasiner des foins qu'au préalable ils n'aient été exposés à l'air pendant trois jours de beau temps.

« Le 6 septembre 1713. — Le même informé « que plusieurs particuliers font amas de bleds dans les marchés à l'opression des pauvres » et considérant que cet abus est prévu par les ordonnances de police, requiert qu'il soit défendu de faire des approvisionnements excédant la consommation avant que Noël ne soit passé : sous peine de confiscation et amende. — Le 28, mêmes plaintes.

Le 11 octobre 1713. — Ordonné « à tous mendiants,

vagabonds, manchots, estropiés, filloux, fainéants, gens estrangers, sans adveu et sans profession, de l'un et de l'autre sexe, de sortir de jour et d'heure à autre de cette ville et fauxbourgs et de se retirer dans les lieux et paroisses de leurs naissances, à peine des gallerres contre les valides et du fouet contre ceux qui ne seront pas en estat d'y aller sur les simples procès verbaux des commissaires de police : » — défense « à tous habitants propriettaires et locataires de maison de leur donner aucune retraite, à peine de vingt livres d'amande : » — et ordre, conformément aux lettres patentes de 1686 « à tous propriettaires, locataires et domestiques de tenir et arrester les pauvres qu'ils trouveront mendiants ou quy iront leur demander l'aumone dans leurs maisons jusqu'à ce qu'ils aient donné advis aux commissaires de police de leur quartier, » enjoint à ces derniers de les arrêter et à tous habitants de prêter main forte à l'autorité, sous peine de quatre livres d'amende au profit de l'hôpital. — Enjoint aux trois commissaires de police de faire leur visite de mois en mois; — prié les vicaires de la ville d'y assister. — « Ordonné que tous pauvres, pelerins, soldats et matelots passant qui se trouveront malades et n'auront moyen de payer leur logement » seront recueillis à l'hôpital pour vingt-quatre heures, s'ils sont en bonne santé; jusqu'à rétablissement complet s'ils sont malades : « deffence de les laisser sous les halles et autres lieux à la mercy des chiens et autres animaux.

— Enjoint aux marguilliers, supérieurs et supérieures des églises et maisons religieuses de la ville « d'établir à leurs frais des personnes pour se tenir aux portes de leurs esglises pour empecher les mandiants d'y entrer, a peine de cinquante livres d'amande » personnelle encourue sur simple procès-verbal des commissaires de police.

Le 27 juin 1714. — Jean de l'Eau, conseiller, se plaint que les jours et la veille des jours de marché, les marchands, *regratiers* et *regratières* se portent sur les routes qui environnent la ville, jusqu'au Val-Marant, au Roudour, aux landes de la Madeleine et même jusqu'à Plourin, pour acheter au passage les menues denrées apportées par les cultivateurs et « y mettre la cherté à l'oppression du public. » En conséquence, il est défendu à tous « hotes, tenans pensionnaires, cabaretiers, traiteurs, rotisseurs, cuisiniers et patissiers » de rien acheter ni sur les routes, ni même aux marchés, avant dix heures en hiver et neuf heures en été, sous peine de confiscation et d'une amende de trente livres solidairement tant contre les contrevenants que contre leurs prête-noms : et en cas de récidive, soixante livres avec prison et même peine plus forte suivant le cas.

Le 3 avril 1715. — Messires Jacques Sibiril et François Libouban, chapelains de St. Mathieu, se plaignent que le 29 mars dernier, « entre minuit et une heure, quelques malfaiteurs coureurs de nuit et vagabonds les attaquèrent chez eux et jetterent aux fenestres de leurs maisons plusieurs pierres » qui cassèrent leurs vitres et allèrent jusque dans leur lit, « et quoyqu'ils crierent et demanderent de l'aide aux voisins personne ne vint à leur secours ; » ils demandent en conséquence qu'il soit défendu à tous coureurs nocturnes « de les insulter, malfaire ny médire... »

Le 4 septembre 1715. — Le procureur-noble de St. Martin se plaint que des *fripons* et *coureurs de nuit* et autres gens *malveillants* s'amusent à jeter dans la fontaine de St. Martin, *leurs choux* et autres légumes, des mottes, et même à y faire des ordures, ce qui est d'autant plus préjudiciable au public qu'elle est la seule fontaine du quartier. — Défense est faite d'y rien jeter de jour ni de nuit, à peine de dix livres d'amende.

Le 22 juillet 1716. — Ordonné « à tous propriétaires ou locataires de faire ballier au devant de chez eux tous les matins à sept heures l'étay et à huit heures l'hiver ; comme aussy tous ceux quy ont des fumiers ou immondices au devant de chez eux ou sur les pavés, de les faire transporter dans vingt-quatre heures, » à peine de dix livres d'amende et de confiscation des fumiers au profit de l'hôpital.

Le 30 mars 1718. — Le procureur du roi, informé « que plusieurs maisons estant tombées, les propriétaires ont negligé de ne point clore icelles, ce qui donne lieu aux voisins et autres de se retirer dans les *masières* faire leurs nécessités et y jeter des *esmondices* et ordures, ce qui cause des exhalaisons et odeurs pernicieux aux habitants qui altère leur santé, » demande que les commissaires des paroisses dressent un état des édifices qui se trouvent dans ce cas.

Le 8 février 1719. — Requiert le même que les défenses ci-devant faites à toutes personnes de « jurer et blasphémer le saint nom de Dieu et tourner en dérizion les mystères de la religion et sérémonies de nostre église catholique, » soient réitérées sous les peines portées aux édits royaux.

« Qu'il soit fait deffenses à tous opérateurs, charlatants, joueurs de gobelets et autres, de lever théâtre ni ouvrir aucun jeu public » dans la ville et les faubourgs, sans exhibition préalable de leurs privilèges au procureur du roi.

« Qu'il soit fait deffenses aux paisants des parroisses voisines et a tous autres » d'exposer en vente dans la ville, les dimanches et fêtes pendant l'office, « des fagots, foin, paille, balles et autres choses, à peine de confiscation et trois livres d'amande.

» Qu'il soit fait pareilles deffenses aux bouchers de cette ville de souffler de la bouche aucune viande, à peine de confiscation et de trente livres d'amande pour la première fois, et qu'il leur soit enjoint d'avoir des soufflets à cet effet.

» Qu'il soit fait pareilles deffenses auxdits bouchers de vendre leur viande plus cher, savoir : les meilleurs endroits du *bœuffe* trois sols la livre, et les autres deux sols trois deniers, le veau et mouton deux sols six deniers, sauf néanmoins aux achepteurs à achepter à la main sy bon leur semble.

» Que conformement à nostre coutume et aux arrets et reglements de la cour, il soit ordonné aux meuniers d'avoir dans leurs moulins, poids et balances pour peser les bleds qui leur seront *données* à moudre pour en rendre le même poids en farine.

» Qu'il soit fait deffenses auxdits meuniers de mettre les farines en lieux humides, à peine de punition corporelle et de *cinq cents livres d'amende,* et d'ordonner auxdits meuniers de faire plancher le lieu à mettre lesdites farines. » Fait droit sur tous ces articles.

HOPITAL.

On n'a rien de précis sur les origines de l'hôpital de Morlaix, dont le procureur syndic était, en 1554, Guillaume Quemener. On ne sait pour quel motif l'établissement fut transféré par la communauté, dans l'endroit où est maintenant la place de Viarms, et précisément dans les quartiers les plus malsains de la ville. On le commença en 1607 ; onze ans plus tard on y affecta 2,000 livres par an : en 1623 il n'était pas encore achevé.

Vers le milieu de ce siècle, l'Hôtel-Dieu de Morlaix avait déjà cent vingt pauvres ; l'administration était d'ailleurs si mal conduite, que ces malheureux vaguaient par la ville, mendiant et vendant le pain et la viande qu'ils recevaient de l'établissement.

En 1687, Oriot, sieur du Runiou, proposa sa terre du Porzmeur pour y transférer l'hospice : on refusa, sous le bizarre prétexte *qu'il serait trop éloigné de la ville et dans une situation d'abord difficile.* — Ce que la volonté municipale n'avait pas voulu faire, l'incendie l'exécuta en partie. Dans la nuit du 6 janvier 1731, un furieux incendie dévora l'hôpital avec tout son mobilier, sa lingerie, sa pharmacie, estimés 200,000 livres.

La maison de retraite de St. Mathieu, vide alors, sembla le meilleur asile provisoire qu'on pût donner aux pauvres, et les sieurs de La Porte, de Coëtlosquet, de Perennou et du Parc, s'étaient déjà offerts comme commissaires de la petite colonie, quand un refus énergique du curé de Saint Mathieu contraria leurs projets philanthropiques. On passa outre, le curé protesta, écrivit aux juges royaux, au ministre, et comme personne ne l'écoutait, il jugea à propos de plier en demandant 3,200 *livres de dédommagement.*

Ce scandaleux exemple, heureusement, ne trouva nulle part d'imitateurs. Une quête générale, faite dans la ville, produisit huit cents livres et cent quartiers de grains : les habitants les plus aisés fournirent cinquante lits : la communauté loua des maisons pour loger les pauvres qui n'avaient pu trouver place dans la maison de retraite : enfin, le cardinal ministre Fleury promit des secours efficaces, qui parvinrent plus tard (30,000 livres), et les états de la province accordèrent une pareille somme.

Ce fut le 9 octobre 1733 qu'eut lieu l'adjudication du nouvel hospice à fonder dans les belles prairies du Spernen, cette position à la fois si saine et si gracieusement pittoresque. Pierre Coursais, dit la Feillée, maître maçon de Brest, servit de caution pour Yves Louet, entrepreneur du bâtiment dont le plan fut fourni par M. Thomas du Main d'Angerets, ingénieur en chef de la ville et du château de Brest. — En 1737, tout était fini. Les pauvres y furent transférés l'année suivante.

En 1737, la ville céda à l'hospice le terrain dit du Château, en échange de l'emplacement de l'ancien Hôtel-Dieu.

Le gouvernement du nouvel hospice fut à peu de chose près ce qu'il avait été avant la translation. C'étaient, dans l'origine, un gouverneur et deux procureurs tirés du corps de ville, qui géraient l'établissement. En 1679, il y avait trois procureurs avec neuf directeurs, trois distributeurs de pain outre celui qui distribuait l'aumône aux pauvres passants. En 1680, les trois procureurs furent remplacés par un directeur général : sept ans après, nous trouvons seulement trois procureurs et deux procureurs des trépassés à la tête de la maison.

Avant la révolution, l'administration de l'hospice

se composait (52) d'un aumônier, directeur-général et comptable, de deux administrateurs par paroisse, d'un trésorier : et en outre du maire, des échevins, du procureur du roi, des trois juges de la sénéchaussée — le maire et le sénéchal présidant alternativement chaque année — du prévôt du Mur et des trois recteurs de paroisse, tous ces derniers membres de droit. Le médecin de la ville était attaché au service de l'hôpital.

Le revenu de la maison se composait : 1° du revenu territorial attaché à l'hospice : — du casuel : — du produit de la ferme pour le privilège de la vente de la viande en carême, produit qui avait considérablement monté depuis 1720 : — du produit du four à chaux, évalué en 1768, à 2,000 livres par an. Ces diverses branches formaient un revenu de 14,000 livres, sans compter l'allocation d'environ 1,800 livres accordée annuellement par la ville sous le titre de *secours des hôpitaux*, mais qui ne se payait plus dès 1760. Avec ces 14,000 livres, l'établissement nourrissait 200 et jusqu'à 250 indigents : quant aux enfants trouvés, voici ce que nous trouvons de plus ancien à ce sujet.

« Enjoignons » aux administrateurs de l'hôpital « de recevoir aucuns enfants légitimes, bastards ou

---

(52) Nous renvoyons à Daumesnil et aux archives de l'hospice, pour les listes des gouverneurs, directeurs généraux et de paroisses, procureurs des trépassés, aumôniers, trésoriers, médecins, etc.

autres, qu'ils ne soient natifs des trois parroisses de ceste ville et fauxbourgs, et leur enjoint d'avoir un registre chiffré et millésimé du juge de police, sans frais, sur lequel ils incereront.... le nom de tous les enfants qu'ils receveront, ceux qui les auront apportés et donnés, et la demeure de la nourrice à laquelle ils les donneront, le jour et datte de leur entrée audit hospital, le jour et datte de ceux qui descederont, ceux quy seront légitime ou bastard et l'argent qu'on leur aura donné pour les y faire recevoir (53). »

PORT

Les premiers documents que nous possédions sur la police du port, datent du milieu du seizième siècle. En 1552, nous trouvons Yvon de la Forest, inspecteur des quais, à 60 sols 6 deniers monnoie par quartier : et en 1564, 12 livres à Salaün Toulcoet *pour les gaiges d'avoir prins garde de non jecter les acttroicts des maisons et laest des navires dans le hapvre et quay dudict Morlaix.* — En 1596 et suivants, au sieur de Rosmeur, *pour avoir l'œil sur le quay*, 10 livres : à Pierre le Gall, inspecteur, pour *empescher dy jetter les attraicts*, 20 livres.

Les chefs de la confrairie du sacre étaient de droit inspecteurs et directeurs des ouvrages du port : les

(53) Audience de police du 11 octobre 1713. (Reg. 1, f. 170.

deniers d'ancrage étaient *annexés à la frairie* et affectés à ces travaux.

Ces deniers (54) montaient, en 1599, à 15 livres 10 sols : en 1600, à 43 livres 10 sols : en 1601, à 30 livres : en 1602, à 16 livres : en 1607, au même prix. En outre, la ville donnait de ses propres deniers, pour suppléer à l'insuffisance de ces fonds : en 1594, 10 livres : en 1599, 141 livres 4 sols : en 1619, 300 livres par an : en 1624, 311 : en 1633, 280 livres. En 1667, un arrêt du conseil permit de prendre 1200 livres sur les octrois *pour les quais et pavés* : l'année suivante on employa 4300 livres au curage du port. Un arrêt du conseil affecta 300 livres aux travaux du quai : elles furent détournées pour le traitement du capitaine du port, et ne furent rendues que beaucoup plus tard à leur destination. A cette époque le port était encore dans un état bien misérable : on n'y voyait aborder que des bateaux de dix tonneaux et au-dessous (55). Une ordonnance du duc de Chaulnes (1675), défendit de faire des amas de sable sur les quais.

Dans les dernières années du règne de Louis XV, M. Piganiol de la Force proposait, dans un mémoire dont nous donnons un extrait d'après Ogée, l'établissement d'un port au bas de la rivière. Ajoutons qu'un bassin à flot avait été projeté dès 1727, au *Vieux Moulain, à l'alignement duquel on propose de faire une écluse pour former un bassin dans lequel les*

(54-55) Ms. Daumenil, p. 491.

*vaisseaux seront toujours a flot et dont les eaux lâ-
chez de temps a autre entiendront le chenal
net* (56).

« Dans les pleines mers ordinaires, la mer monte de
» vingt-sept pieds dans la rivière du Dourdu, et de
» dix-huit pieds dans les mortes mers ; au lieu que
» dans le bassin du Havre-de-Grâce, il n'y a guère
» que dix-huit pieds dans les plus grandes marées. Il
» serait aisé d'approfondir la rivière du Dourdu de
» quatre à cinq pieds, en enlevant les vases qui s'y
» sont amassées. Son embouchure est d'environ cin-
» quante toises de largeur, et ses deux rives sont bor-
» dées de terres fort élevées et de carrières dont on tire
» d'excellentes pierres de taille et de fort bons moellons.

» Ce port exige peu de frais, parce que le canal est
» tout formé par la nature ; qu'il est actuellement plus
» profond que le bassin du Hâvre-de-Grâce ; qu'il est
» fort aisé de l'approfondir de quatre à cinq pieds, et
» que, pour le rendre complet, il n'est question que
» d'y faire des portes pour retenir les eaux. Tous les
» matériaux nécessaires pour les fondements, le massif
» des portes et des quais, se trouvent sur les lieux ;
» de sorte que les gens de mer instruits et connaisseurs
» estiment que les frais pour la construction de ce
» bassin, qui pourrait contenir trente à quarante vais-

---

(56) *Plan de partie de la rivière de Morlaix en 2250 toises de
long*, etc. (1727).

» seaux de soixante à soixante-dix pièces de canon,
» ne monteraient qu'à la somme de deux cent cinquante
» mille livres.

» Ce bassin serait d'une grande beauté et plus étendu
» qu'aucun autre, fait de main d'homme, dont on ait
» connaissance dans l'Europe. Les vaisseaux même
» de cent canons pourraient y entrer et en sortir par
» le moyen de la marée ordinaire. »

« Dans l'état actuel des choses, ajoute Ogée, les
» commerçants de Morlaix éprouvent beaucoup de dif-
» ficultés. Le déchargement des navires se fait en rade,
» avec beaucoup de lenteur, d'incommodité et de perte
» de temps. Le chargement se fait par le moyen des
» barques ; opération sujette à bien des inconvénients,
» parce que, dans les mauvais temps, les toiles qui
» séjournent quelquefois trois à quatre jours dans ces
» barques, sont souvent avariées avant d'entrer à
» bord. A ces incommodités se joignent les dépenses
» qu'il faut faire pour conduire, garder, voiturer ces
» marchandises. Pour contenir les vaisseaux dans la
» baie pendant trois, quelquefois quatre et cinq mois,
» qu'ils restent en rade, il faut des cables, des ancres
» et des matelots ; ce qui ne serait pas, si le bassin
» était fait.

» Les habitants de Morlaix firent faire, en 1767 ou
» 1768, par M. le Roi, ingénieur des ponts et chaus-
» sées, un plan de l'endroit, dans le dessein, dit-on,
» de faire revêtir de quais les deux rives de la baie jus-

» qu'à la rivière du Dourdu. En 1772, l'ouvrage était
» peu avancé. (57) »

Outre les inspecteurs de quais déjà nommés, nous avons F. du Botmeur, en 1600 : Guillouzou-Rochledan et Oriot-Meshir (1617-19), Le Blonsart (1624), *honorable homme* J. Le Gall (1626), Oriot Runiou (1667-68), et Kmoné (1680), tous appartenant à la *frairie* du sacre : Rehaut de Villoux, membre de la communauté (1720), Berthelot de Lisle (1732), celui des Aulneys, nommé par le comte de Toulouse sur trois sujets présentés par la ville (1733) et sujet au serment ; Taro dit le Prince (58).

En 1729, un cours d'hydrographie, aux frais de la ville, fut ouvert à Morlaix : on affecta au traitement du professeur les trois cents livres réservées jusqu'alors au curage de la rivière, et on remit à ses fonctions celles de capitaine de port. Vingt ans avant, le sieur Lorechmeur avait offert à la ville d'enseigner l'hydrographie moyennant un traitement fixe, mais sa demande n'avait pas eu de suite, faute de fonds disponibles (59).

(57) Ogée, v. *Morlaix*.
(58) Ms. Daumenil, p. 494.
(59) Ms. Daumenil, p. 495.

II. ADMINISTRATION MILITAIRE.

GOUVERNEURS DE LA VILLE ET CHATEAU DE MORLAIX.

L'administration de Morlaix, avant les lettres d'affranchissement de 1400, était à peu près entièrement militaire. Nous avons pour gouverneur de Morlaix, au quatorzième siècle : Bizien de Kanraix, écuyer : N. capitaine anglais : Even Charruel : Yvon de Kret : Raoul de Basny (1341-72). En 1381, c'était Jean de Penhoat, et en 1385, Silvestre Campson, chevalier à cent vingt livres de gages (60).

En 1402, Jean de Penhoat, petit-fils du fameux Tort-Boiteux illustré par la belle défense de Rennes, était amiral de Bretagne et capitaine de Morlaix. L'année suivante il gagna sur les Anglais, à la hauteur de St. Mahé, une grande bataille navale où l'ennemi perdit mille prisonniers, quarante navires et une *carraque* richement chargée. Il arma plus tard, pour la délivrance du duc Jean V, prisonnier des Penthièvre, une compagnie où l'on trouve un grand nombre de noms appartenant à la noblesse morlaisienne de l'époque :

Hervé Auffroy, Jean Le Borgne, Hervé de La Boyssière, Hervé Cosquarec, Guillaume Cozic, Bonabes du Dresnay, Allain Le Floch, Jean de la Forest, Allain de la Forest, Allain Garrec, Jean Goezbriand,

---

(60) « Pro duobus tertiis... LXXX libros. »

Meriadec Guicasnou, Guillaume Guicasnou, Ollivier Kmain, Raoul du Quenquisou, Jean du Quenquisou, Yves du Rest, Guillaume du Rest, Yvon Thépault, Thomas Thepault, Pierre Tuonmelin (61), etc.

Le duc, délivré, reconnut de la manière la plus originale les services du gouverneur de Morlaix. « Toutes les fois qu'ils viendront (lui ou ses descendants) devant nous et à nos successeurs ducs de Bretaigne, se puissent seoir a nostre hostel ou a celuy de nos successeurs, durant le temps qu'ils seront ainsy devers nous ou eux à telle table qu'il leur plaira et estre servis de vin et viande notablement selon leur estat, et en cas qu'ils n'y vouldroient mangier et qu'ils mangeroient hors nostre dict hostel qu'ils aient durant ce dict tems à chacun matin et à chacun soir ou chacune heure de diner ou souper un pot de vin c'est assavoir de celuy qui lors sera ordonné pour nostre bouche..... à tousiours mais (62). » De plus, il transféra son fief de la jurisdiction de Guingamp à celle de Morlaix qui était beaucoup plus proche, et, ce qui n'est pas le moins singulier, lui accorda un intérêt dans l'exploitation de Huelgoët, dont il faisait ouvrir les veines argentifères par des ouvriers venus d'Allemagne (1425).

En 1450, Pean Gaudin, sire de Martigné, grand maître de l'artillerie, capitaine des francs-archers de Bretagne, chambellan du duc, etc. Il leva dans sa

(61) Ms. Daumenil, p. 95.
(62) Lettres du 16 juillet 1420.

capitainerie 400 livres *pour la croisade* projetée à l'époque, après la prise de Constantinople par les Osmanlis, et passa plus tard au service de la France. Il paraît que la ville lui accordait 600 livres de gages. — 1457.
— Jean du Pont, de Rostrenen et du Ponthou, chambellan, capitaine de quarante lances et de quatre-vingts archers : il obtint du duc un impôt de 20 sols par tonneau de vin qui entrait sur ses terres, pour la réparation de ses châteaux. Les miseurs morlaisiens le percevaient encore trente ans après.

La ville lui accorda d'abord 300 livres *de pension*, puis mille.

En 1478, Jean du Quelennec, vicomte du Faou, amiral de Bretagne, à 1200 livres de pension. — Son fils, qui avait même nom et mêmes titres, lui succéda. Il commandait une escadre de trois vaisseaux :

Le *Grand-Lyon*, de 300 tonneaux, capitaine Bizin de Kouzy, lieutenant-général de l'amirauté, *maître* Jean Guillorel :

Le *Petit-Lyon*, même tonnage, capitaine Le Batard du Quelennec, maître Olliver Descolles :

Une barque de 80 tonneaux, commandée par Denis de Coattredrez, maître Tugdual le Guillouzét.

Ces trois navires portaient en tout 400 hommes d'équipage, à 4 livres par mois chacun, les capitaines et les maîtres ayant chacun 60 livres en plus : le fret coûtait dix sols par mois et par tonneau : lieutenant, Jean de Kloaguen Rosanpou, continué sous le suivant.

1484. Pierre du Quelennec, capitaine des francs-archers de l'évêché de Tréguier, capitaine de vaisseau, affranchi des fouages pour ses services dans la marine ducale.

1487. Maurice du Mené, conseiller et chambellan de la duchesse, capitaine de vaisseau, etc. Il fut chargé d'empêcher les hostilités en Cornouaille, et plus tard *d'observer les Allemands* venus en Bretagne lors du mariage de la duchesse avec le roi des Romains. Il reçut aussi le sire de Rohan à son voyage à Morlaix, réception dont les frais coûtèrent 50 livres à la communauté et dont le soin fut commis à Nicolas Coatanlem et à Bernard le Bihan, *principaux habitants* de la ville.

1489. Mériadec de Guicasnou, maître d'hôtel de la duchesse : on lui retint 100 livres sur ses gages pour les frais de la guerre d'Italie, ainsi qu'à tous les autres officiers de la duchesse reine. Ph. de Kloaguen-Rosanpoul, lieutenant.

1505. François des Fossés : il donna son nom à un bastion du château qu'il construisit sur l'ordre de la duchesse : Hervé de Kret, lieutenant.

1518. François de Broon, conseiller d'état, grand pannetier de la duchesse, *capitaine des villes et chasteaux de Morlaix et de Montfort* (63).

1525. François du Boisriou sieur du Boisgerbaut.

(63) Toussaint de St. Luc.

1537. Jean d'Acigné baron de Coetmen, lieutenant général de Bretagne, etc. La ville lui fit présent d'une haquenée achetée en foire de Noyal au prix de 44 écus d'or.

1539-68. Yves de Goezbriand : François de Goezbriand; de la Fontaine-Poignant; de Kgariou-Tremin; d'Ancremel ; Adrien le Borgne. — En 1551, Claude de Boyséon est chargé « de veiller tant sur le faict de la ville de Morlaix qu'aux costes de la mer et aultres lieux des environs, voir et entendre à ce qu'il est nécessaire dy faire afin de faire donner l'ordre, faire munir ladicte ville de Morlaix de vivres et ammunitions, crainte de surprise de la part des ennemis... pour quoi il lui est donné plein pouvoir et authorité (64). »

Jusqu'à 1568, la capitainerie de Morlaix avait été une distinction militaire plutôt honorifique qu'autre chose. Ces *pensions* et *gaiges* que les capitaines morlaisiens se faisaient donner par la ville, étaient ou une exception à la règle générale, ou des profits frauduleusement prélevés, car l'enquête de 1569 dit expressément que les capitaines de Morlaix *servoient sans gages et seulement pour l'honneur de faire service au roy et au pays.* Chargés quelquefois de deux capitaineries, souvent obligés de s'absenter pour remplir les devoirs de leurs charges ou leur service militaire, ils laissaient en leur lieu des *lieutenants* qui comman-

---

(64) Lettres du 16 août 1551 : 28 mars 1554 : 4 avril 1554.

daient en leur absence, ordinairement sous leur contrôle, et qui s'occupaient en leur présence des mêmes détails du service (65).

En 1568, la capitainerie de Morlaix fut érigée en gouvernement, et le premier titulaire qui l'occupa fut le favori de Catherine de Médicis, Troïlus de Mesgouez, marquis de la Roche et de Coatarmoal, comte de Kmoallec et de la Joyeuse-Garde, conseiller du roi en son privé, chevalier de l'ordre du roi et capitaine de cinquante hommes d'armes. Il eut avec la ville de violents démêlés au sujet du Taureau, des impôts et billots, du guet et de mille autres bagatelles plus arbitraires les unes que les autres : il eut le dessous en toute occasion. En 1574 il présida la noblesse aux états, et en 1579 il se faisait délivrer une commission *pour armer, faire armer et donner commission pour l'armement de tous navires contre les ennemis de l'Estat, faire toutes découvertes, s'approprier les terres, y bastir telles fortiffications qu'il jugeroit à propos pour en jouir luy et ses successeurs sous la protection des rois de France :* et l'année suivante il se faisait nommer vice-roi de Terre-Neuve. Les magnifiques projets que tout ceci semble annoncer et qui auraient pu élever tout d'un coup la ville au niveau de St. Malo, restèrent sans exécution (66).

(65) Ms. Daumenil, ch. V, *passim*, et notes de M. De Blois, 94--101.

(66) Ms. Daumenil.

A la démission de Mesgouez, qui avait eu pour lieutenant B. de Guernizac, écuyer, Alexandre de Kgariou eut le gouvernement de Morlaix, qu'il entraîna ou plutôt qu'il suivit dans la ligue. Nous avons déjà vu Kgariou et Rosanpoul son successeur, sur la scène politique, où nous ne les suivrons pas en ce moment : ajoutons seulement que le premier mourut en 1592 (67) après s'être acquis les sympathies de la ville, qui fit célébrer les années suivantes des services pour la famille : elle fit, en 1594, présent à Rosanpoul, d'un *buffet d'argent doré* qui avait coûté cinq cents écus.

Après la prise de la ville par les royaux, Pierre de Boiséon, chevalier, seigneur de Coetnizan, vicomte de Dinan et de la Bellière, baron de Marcé, etc., entre comme gouverneur à Morlaix, où il avait été précédemment prisonnier après la prise de son château de Kouséré, perte dont il fut indemnisé par le roi pour une somme de 45,000 livres (la perte avait été estimée à 400,000 livres). L'année suivante, la ville lui accorda 54 livres de traitement, et fit les frais des baptêmes de deux de ses enfants. Le détail de la première de ces dépenses est assez curieux pour trouver place ici :

Déjeuné au Cheval-Blanc entre MM. l'archidiacre, Restigou, et trois autres notables, *pour adviser et*

---

(67) Son cœur, enseveli dans l'église de Ploujean, fut exhumé en 1849 et donné par M. de Lafruglaye à M. de Kergariou, descendant du gouverneur de Morlaix *(N. de M. de Blois)*.

regarder au moyen de faire le baptême, 2 livres ; — aux fabriques de St. Melaine, autant ; — aux chanoines du Mur *pour avoir chanté la musique*, 1 livre; — à deux nourrices, 16 livres ; — à la sage-femme, au trompette, au violon, chacun 2 livres ; — *au tambour* de St. Melaine, 15 sols ; — aux domestiques du gouverneur, 12 livres ; — *trente-six plats d'argent présentés* à madame de Boiséon, pesant 72 marcs (avec 3 livres de port), 525 livres.

Les années suivantes la ville fit encore les frais de l'enterrement de madame de Boiséon, auquel *on prononça son oraison funèbre*. — A cette date on plantait déjà le mai à la porte des édifices publics. On trouve en 1597 deux livres sept sols pour deux *arbres de fouteau, verdoyants*, et pour les écussons du gouverneur y attachés et peints par Pierre Barazer, *outre la collation*.

La même année le gouverneur bloqua par mer et par terre les Espagnols, maîtres du château de Primel, et cela pendant les mois de juin, juillet et août, pour donner le temps aux habitants des campagnes de faire leurs récoltes. Le blocus coûta 1143 livres 36 sols à la ville.

Pierre de Boiséon mourut en 1627, et fut remplacé par son fils Claude, dont le gouvernement fut inauguré par de *grandes magnificences, exercices militaires, feintes d'assaults et prinse d'un fort, cartel, tournoy, courses de bagues, neumachies et assault d'un fort artificiel flottant sur l'eau, comédies, bals, festins et autres réjouissances qui durèrent quatre a cinq jours* (68). Il obtint, en 1633, 450 livres de *logement*, plus tard 200, puis 1000 *pour toutes prétentions.*

En 1642, la ville déjà fort endettée, cessa de lui allouer le logement : de longs débats eurent lieu, et en 1668 cet article fut fixé à 300 livres. Claude de Boiséon (69) fut remplacé en 1651 par son fils Hercule : il eut des démêlés avec la ville pour son indemnité de logement, qui fut portée, en 1675, à 600 livres : et à sa mort la ville lui fit faire des obsèques qui furent troublées par de scandaleux incidents (70). Il y avait alors en garnison à Morlaix, des compagnies franches de la marine.

Un arrêt du conseil (26 novembre 1660) attribuait aux sénéchaux, en cas de vacances, toutes les fonctions du ressort des gouverneurs, tels que présidence aux assemblées du corps de ville, examen des comptes, baux à ferme des deniers communs, mots du guet, commandement à la garde, garde des clefs, police urbaine et autres : en conséquence, celui de Morlaix disputa au maire la gérance provisoire du gouvernement militaire. Pour couper court à ces débats, M. de Rostivier fut nommé par le gouverneur de Bretagne (1692) pour l'intérim.

(68) Albert le Grand.
(69) Démissionnaire : mort en 1670.
(70) Voir pour les détails, Daumenil (f. 107).

Ce nouveau gouverneur eut des démêlés avec la ville pour avoir, lors d'une réjouissance publique, *mis le feu au bucher sans attendre* les autorités civiles. Nous citons ce fait et mille autres pour montrer à quelles futilités on était tombé alors dans les magistratures les plus vénérées. — Il fut remplacé par M. G. de la Dobiais, exempt des gardes du corps, nommé pour trois ans : puis vinrent René de Bruc, marquis de Montplaisir (1702) pour lequel la ville fit célébrer *un grand service* : — De Paris-Fontaine (1710) : — le marquis de Coëtanfao, lieutenant général (1722) : — le vicomte du Rumain (1740) : — le marquis de Coëtanfao (1752) : — le comte du Rumain : — le baron de Saint Michel (1771).

«En 1692, le roi Louis XIV supprima les gouvernements des places de l'intérieur qui étaient devenues inutiles comme militaires, et coûtaient cependant à l'État des émoluments considérables : il en fit une opération de finances fort avantageuse dans l'état de pénurie où les guerres avaient réduit le trésor de la France. Ces gouvernements furent rendus purement honorifiques, héréditaires et vénaux. Une foule de gens riches s'empressèrent de les acquérir ; mais simples gouverneurs titulaires, ils cessèrent de jouir de l'autorité, et il ne leur resta que le droit de faire leur première entrée solennelle dans la ville, lors de chaque mutation de gouverneur, pour se faire reconnaître en cette qualité ; de passer la revue de la milice bourgeoise, et de présider en quelques circonstances la communauté de ville (71). »

CHATEAU.

Nous avons parlé plus haut du premier château de Morlaix, puis du château ducal, dont nous avons conduit l'histoire jusqu'au siège de 1594 : nous avons peu de chose à dire pour compléter ces détails.

En 1594, le maréchal d'Aumont sépara le château du gouvernement de la ville et en forma un gouvernement séparé dont il investit Montgommery de Corbouzon, à la démission duquel cet état de choses fut aboli. Lors de leur capitulation avec le général du roi, les morlaisiens avaient stipulé la démolition de la citadelle qui les gênait de vieille date (72), et les conditions furent si bien exécutées, qu'en 1602 on connaissait à peine ces *vieilles murailles fortiffiées qu'on appelle chasteau*. La ville racheta au prix de 400 livres le canon du château, et on ignore ce que devint cette artillerie.

Quant aux ruines, la ville les cédait en 1670 à une famille Duvigneau, et elles sont toujours restées depuis propriété particulière.

(71) M. de Blois, notes sur le dict. d'Ogée.
(72) M. de Blois (*Notes sur Daumenil*).

MILICE BOURGEOISE.

La milice morlaisienne, dont nous ne trouvons pas de traces antérieures au quinzième siècle, était à cette époque irrégulière et faite seulement pour garder en temps de guerre *la ville et le païs circonvoisin*. Après le premier sac de Morlaix par les Anglais, les compagnies bourgeoises allaient faire le guet à l'entrée de la rade, à Penallan, en Trégarantec (Carantec), et à Duramenez, près du Dourduff. Plus tard, au temps de la ligue, nous avons vu comment elle fut organisée et quel rôle, même offensif, elle y joua : son coup d'éclat, à cette époque, fut la prise du château de Primel.

Ce château, dont on voit encore à Plougasnou les ruines presque effacées, dominait l'entrée de la rade et la baie profonde qui porte son nom : sa position sur un rocher très escarpé et séparé de la terre ferme par une large fissure, en faisait une position véritablement formidable. Sous la ligue, et les Espagnols y avaient dominé, et une barque armée pour la piraterie trouvait à tout instant un asile assuré sous les canons du fort. En 1616, des partisans s'emparèrent de Primel et menacèrent sérieusement le commerce morlaisien. La milice bourgeoise, commandée par le gouverneur, bloqua ce fort par mer et par terre, et en chassa les occupants : l'expédition coûta 145 livres.

L'année suivante, le roi écrivit à la municipalité

pour la prévenir que la paix étant faite, « ne jugeant à présent nécessaire que les gardes que nous leur avons commandé cy-devant de faire soient continuées, » il la remerciait du zèle qu'elle faisait paraître pour la paix publique et la priait de cesser son service. La guerre régulière, qui prenait naissance à cette époque, rendait presque inutiles les milices communales, et à part quelques cas exceptionnels, quelques alarmes subites, elles furent exclusivement employées à la garde intérieure des cités.

Les 16 et 19 août 1639, la perception des deniers communs excita une émeute à Sainte Catherine, dans le quartier Ville-Neuve : les magistrats furent méconnus et frappés ; plusieurs maisons forcées et pillées. Le gouverneur monta à cheval, arma la milice bourgeoise et la noblesse du pays, tandis que le baron de Pontchateau, gouverneur des Quatre-Évêchés arrivait avec le lieutenant de la maréchaussée et un détachement d'archers : la sédition fut réprimée par l'arrestation et probablement le supplice des plus coupables. Pour plus de sûreté, on établit des patrouilles dans toutes les paroisses jusqu'à l'arrivée des compagnies irlandaises envoyées pour soutenir la perception : la répression avait coûté à la ville 5,800 livres.

Ruyter, en 1674, menaça les côtes de Bretagne : on envoya de Morlaix à Brest un détachement de 250 hommes, dont 80 pris à St. Melaine, 100 à St. Mathieu et 70 à St. Martin : il y avait neuf officiers et un chirurgien que l'on changeait tous les huit jours (22 avril). Le 22 mai, deux cents hommes furent encore envoyés à Brest, tandis qu'à Morlaix on prenait toutes les précautions imaginables contre une surprise, qu'on montait des gardes et qu'on réparait portes et murailles.

Nous avons parlé plus haut de l'insurrection de 1675, où la ville faillit être pillée par les habitants des campagnes voisines et par la noblesse du pays. Morlaix consterné faisait réparer ses murs, ses ponts, redoublait ses gardes, sous l'inspiration de Jegou de Guerlan : un parti qui parut sur les hauteurs de Plourin (9 juillet), mit le comble à l'anxiété générale : on tint une assemblée dans le corps-de-garde de St. Mathieu, on vota quinze sols par jour à chaque milicien et l'achat de deux cents fusils à St. Malo. Nous avons vu comment ces précautions furent inutiles.

Mais la cour se défiait de Morlaix, à qui elle venait d'enlever sa magnifique forteresse du Taureau, et à qui elle allait encore enlever ses charges municipales. On écartait la milice de la ville pour l'envoyer en observation sur la côte (1693), à Lannilis, par exemple (1702), pendant qu'on lui envoyait en garnison le ban et l'arrière-ban de l'évêché de Tréguier, qui se comporta comme en pays conquis. On se plaignit vivement de ces gentilshommes indisciplinés qui refusèrent de passer aux revues, et prirent deux fois plus de billets de logement qu'il ne leur en fallait, pour en faire un trafic inconvenant.

En 1744, une fausse alarme eut lieu à Ploujean : on était tellement au dépourvu d'armes, qu'on dut emprunter les fusils d'un corsaire mouillé en rade. Deux ans après les Anglais ayant paru à Lorient, la milice fit une expédition des plus burlesques pour aller au secours de la ville assiégée : trois cents hommes furent commandés pour marcher, ils s'enivrèrent au départ, et arrivés devant le Merdy, ils refusèrent d'aller plus loin. Lestobec, commandant du détachement, appaisa cette ébullition bachique, et enferma les plus mutins dans le four du Squiriou, transformé en salle de police.

Les premiers officiers de la milice furent, à ce que l'on croit, les capitaines de paroisse, dont nous ne possédons qu'une liste fort incomplète :

En 1625, J. Pinart-Kdrein, en St. Mathieu : B. Nouël-Kdanet, en St. Melaine : M. Floch Kbasquiou, en St. Martin. — En 1639, P. Calloët Kastang, St. Mathieu : St. Melaine, Nouël : Ballavesne, St. Martin. — En 1664, Oriott-Runiou et Kgroas-Kmorvan, St. Mathieu (Le Grand et Kgroas-Koual, lieutenants); Diouguel-Terrenez, St. Melaine : Diouguel-Lanruz, St. Martin. — Sous Louis XIV on institua deux capitaines pour St. Mathieu, et autant pour St. Melaine : un corps-de-garde momentané fut installé à l'hôtel de ville, et l'adjudication des fournitures fut faite pour 198 livres. En 1727, une patrouille régulière fut établie aux frais de la ville.

En 1733, on adjugea *la fourniture de bois et chandelle* au sieur de Kcadiou, à raison de 45 sols par jour en hiver, et de 10 en été, à commencer au 1er octobre : ce prix resta stationnaire pour les journées d'été, et descendit, pour les journées d'hiver, à 42 sols 6 deniers (1735), et à 30 sols 6 deniers (1739) : il monta, en 1742, à 39 sols 6 deniers.

Parmi les dignités vénales créées par Louis XIV, se trouvaient celles de la milice, un colonel, un major, quatre capitaines et cinq lieutenants : la ville les racheta au prix de 11,000 livres. Depuis, le maire fut toujours de droit colonel de la milice, et la communauté nommait aux autres emplois, toutes nominations qui n'étaient définitives qu'après approbations du gouverneur de la province.

L'organisation définitive de la milice date de 1723, époque où le gouverneur de Bretagne créa cinq compagnies à St. Mathieu, quatre à St. Melaine, trois à St. Martin : chaque compagnie avait un capitaine, un lieutenant, un enseigne, un tambour payé à vingt livres par an, et il y avait pour le corps entier un drapeau blanc orné des armoiries de la ville.

Les majors de la milice à nous connus sont (1664) H. de Coetanlem Rostiviec, lieutenant du roi : — De Lestrebec-Varville, qui, à cause *de l'absence continuelle et du peu de soin qu'apportoit ce major à discipliner et à exercer la milice fut remercié* : — B. de Coetanlem-Rostiviec, qui voulut avoir voix délibérative aux assemblées de la communauté, et ne l'obtint que pour les cas où il s'agirait de la milice : Il en fut froissé et *remercia*, — Péan : — Pitot : — Bernard : — Guillotou Kdu, avec gratification (73) de 300 livres par an : — Barazer-Lannurien : — Rochell de Chefdeville.

Nous avons donné la liste des premiers capitaines de paroisses connus. Le détachement envoyé à Brest en 1674, en avait dix, dont quatre en St. Mathieu, et trois dans chacune des deux autres paroisses, puis autant de lieutenants. Les listes des années suivantes ne nous offrent partout que des démissions, pour causes des *veilles du corps-de-garde, d'affaires* et *d'âge*, etc. L'année 1733 en compte neuf, et Teillet, l'un des démissionnaires, accuse le major Guillotou-Kdu d'en être cause par sa conduite : d'autres annulent leur démission *sur un ordre* du gouverneur de Bretagne (74).

CHATEAU DU TAUREAU.

Les deux terribles surprises de 1522 et 1532, avaient été pour la ville une leçon trop cruelle pour ne pas lui apprendre une prudente et continuelle défensive : elle établit des corps-de-garde à l'entrée de la rade et ferma les deux passes de quelques batteries. Les habitants de la ville-close et de Saint Martin avec les paroissiens

---

(73) Ordonnance du gouverneur de Bretagne (3 août 1735).
(74) Ms Daumenil, f. 112-138, et archives de la ville.

de Taulé et les trèves en dépendantes, faisaient le guet à Pénanlan (Carantec) ; ceux de Saint Melaine et de Saint Mathieu, avec les paroisses de Ploujean, Plouézoch et Plougasnou, allaient à la pointe de Bararmenez (Barnenez, en Plouézoch).

Ces gardes ne laissaient pas que de les gêner considérablement ; aussi, quand le duc d'Étampes passa par Morlaix et fit l'inspection des batteries de la rade (1542), un des notables de cette ville, Ambroise Masson, lui adressa cette requête :

« Monseigneur, vous pouvés veoir le grand ennuy et coustage qu'ont les manans de Morlaix et ceulx qui sont sur la coste de ceste rivière, d'estre ainsy contraincts de faire guest, de fournir et faire mener de la ville de Morlaix artillerye et autres munitions de guerre en ce lieu, pour empescher la descente des ennemis : s'il vous plaisait moyenner du Roy en fabveur des habitants de Morlaix et peuples circonvoysins congié de bastir un fort sur ce rocher que vous voyez à l'entrée du havre qui va à Morlaix, ce seroit relever la ville d'un grand ennuy et coustage ensemble ceulx de ceste coste (75). »

Sur la réponse favorable du duc, la ville résolut de faire bâtir un fort sur un rocher qui défendait le goulet

(75) Albert Le Grand, dans son zéle un peu outré pour la gloire de ses confrères, attribue cette initiative à un frère Trocler, Jacobin : son témoignage, un peu suspect par lui-même, est formellement contredit par les dépositions des témoins oculaires.

et nommé le *Toreau*. Claude de Boyséon et le sieur de Tyvarlen firent un rapport favorable sur le choix du lieu, et ce fut dans l'église du Mur que les notables morlaisiens s'assemblèrent pour régler le montant des cotisations à faire à cet usage : Jean Kameunou fut chargé du paiement des ouvriers et de la conduite des ouvrages. Le duc d'Étampes, revenu pour visiter les travaux commencés, n'approuva pas entièrement les dispositions prises. « Mes amis, vous devriés en ce lieu bastir seullement de terre, afin que la guerre passée vous auriés moins de coustage de le rapparer, puisque le Roy ayant affaires ailleurs ne vouldra voulentiers participer aux frais de ladite continuation : toutefoys si avés volonté de le parachever comme avés commencé, je m'asseure que le Roy vous advouera. » Et il leur promit de leur faire avoir la garde du fort.

En retournant à Morlaix il déclara aux habitants, *en pleine congrégation*, « qu'il avoit donné à entendre au Roy qu'ils avoient basti ledit fort duquel il leur laissoit la garde et entretenement parce qu'il avoit respondu et s'estoit constitué pleige envers sadite majesté pour eux qu'il n'en arriveroit aucuns inconveniens. »

En même temps le dauphin accordait à la communauté de nouvelles lettres d'affranchissement exemption et dans des devoirs d'aides des impôts et billots pour l'entretion de la garnison, qu'il leur permit d'y mettre *et appointer à leur volonté*. Aussi le château était déjà logeable en 1544, et les habitants réunis chez Guillaume de Kimel, lieutenant du gouverneur de l'évêché de Tréguier, nommaient pour premier capitaine du fort Jehan de Kmellec avec trente hommes de garnison *sans obliger à bailler gages ni estat audit de Kmellec*. Celui-ci prêta serment au commissaire du roi, mais seulement ce qui est très remarquable, après l'avoir prêté aux habitants de Morlaix.

Parmi les soldats de la première garnison du château, on nomme Simon et Yvon Kmellec, Claude de Quelen, Alain Bigot, Jean Querret, Christophe du Cosquer, Jean Quintin, Jacques de Kgehan... Chaque homme était payé à 4 l. 3 s. 4 d. par mois, et l'aumônier à 15 livres tournois (12 l. 10 s.) par quartier. Le capitaine avait 50 l. par quartier, ou 240 par an. En 1552 on travaillait encore à l'achèvement du fort : cette année on adjoignit à la garnison un lieutenant, un sous-lieutenant, un portier et trois dogues énormes : *et d'aultant que ladicte année feust bruict que les adversaires et ennemys du Roy nostre sire estoient sur mer et tendoient en ce païs et qu'on voyoit hors et derant le havre plus de ccc voiles*, Allain Efflam et *treize aultres compaignons des plus dispos et puissans* furent envoyés au château comme renfort : plus vingt-deux hallebardes et deux bâtons dits langues de bœuf, dix piques et demi-piques qui coûtèrent 35 l. 8 sols : quatre pièces de fonte, onze boîtes en fer et 377 livres et demie de poudre, à 4 sols 6 deniers environ la livre.

La garnison se composait alors du gouverneur, à 60

livres tournois par quartier : du lieutenant, à 21 : de quatre hommes, à 19 l. 16 sols chaque : de dix hommes à 16 l. 10 s. chaque, d'un aumônier à 15 livres, etc. Les *gaiges* de la garnison revenaient à 1744 livres 16 sols par an.

De 1544 à 1593, les capitaines du château furent Kmellec (4 ans), Desfontaines (3 ans), G. Quemener (4 ans), V. Nouel-Kvezen (idem), B. Nicolas, V. de Kmadeza (2 ans), A. Coail, J. Boullouch, P. Kmerchou-Kgus, G. de la Forest-Pontblanc, G. Moricquin, T. Colin Poulras, J. Kgus-Mezanbez, A. Toulgoët, F. Le Gac-Coetlezpell, T. Jagu-Kneguès, M. Rigolé-Rocharbleiz, J. Le Levyer-Krochiou, J. Floch-Kbasquiou, G. Ballavesne-Lannigou, K. Faucqueux-Kvezec, J. Tribara-Quenquizou, N. Nuz-Kehuuan, J. Calloët-Kastanc, M. Ballavesne-Meshilly, J. Rigolé-Klizien, G. Huon-Kgadou, F. Le Borgne, J. Guillemot-Ksaliou, F. Noblet-Roudour, M. Tournemouche-Bodou, J. Duplessix-Coatserhou, G. Le Levyer-Coatglas, J. Pinart-Kdrein, P. Guillouzou-Goasrus, V. Kmerchou-Trelever, Y. Le Gac-Kamprovost.

En 1564, la ville demanda et obtint *que celuy qui eust été procureur une année, l'année subséquente eust été capitaine audict fort avec les gaiges accoustumés.*

L'année suivante, le fameux Troïlus du Mesgouez, que nous avons vu figurer parmi les gouverneurs de Morlaix, intenta des chicanes à la ville pour la possession du château. Pour lutter contre ce redoutable adversaire, il fallait de l'activité et des ressources : on se cotisa pour lever une somme de trois mille livres destinée à faire face aux frais du procès. La liste des cotisés nous est parvenue : c'est à la fois le plus fidèle et le plus curieux monument de la bourgeoisie morlaisienne au seizième siècle.

	l.	s.	d.		l.	s.	d.
J. Caulmot..........	1	»	»	G. et Gte de Botmeur.	13	10	»
G. Touchart.........	2	1	8	S. et M. Nouel......	14	3	4
Y Annoult..........	2	1	8	Deux Salaün.......	14	13	4
N. Rolland.........	2	3	4	M. et Mlles Geffroy.	14	18	4
J. Le Fech.........	2	3	4	J. Toulgoët.........	17	6	8
N. Kerouzéré.......	2	5	»	N. Nuz............	17	»	»
Barbe Parmenhéry..	3	16	4	J. du Plessix.......	18	»	»
F. Lesquelen.......	4	3	8	V. Guermelle.......	20	6	8
V. Richard et G. Botmeur............	4	13	4	La fabrique de Saint Martin............	21	10	»
P. Baillemont.......	4	13	4	R. Campion et J. Calloët.............	43	6	8
R. Fremonyer......	6	5	»	R. et G. Le Boullouch.	24	18	4
P. Oriot...........	6	8	»	J. et F. Le Borgne..	31	»	»
Ch. Le Garrec......	6	10	»	J. Kergus-Mezanbez.	40	16	8
F. et Anne Quintin...	7	3	4	J. Souryman.......	41	8	4
J. Dobers.........	7	15	»	Pne Le Premeur....	41	13	4
Y. Guen...........	8	»	»	Anne Le Jeune.....	41	10	»
A. Guillemet.......	8	6	8	J. et M. Floch.....	42	15	»
J. Prusseau........	8	6	8	J. et T. Le Levyer..	46	»	»
J. Beuscher........	8	6	8	J. et B. de L'eau...	49	16	4
J. Le Merin........	8	6	8	P. de Kermerchou..	64	3	4
P. Keraudret.......	9	»	»	J. P. Y. et P. Kerret.	68	8	4
G., M. et Y. Corre....	10	10	»	Mme de la Forest-Pontblanc.........	79	18	4
Anne Le Lagadec....	10	5	»				
E. et A. Bodégars....	10	11	8	J. Rigolé...........	85	16	8
J. Le Gendre.......	10	12	6	R. G. M. F. et N. Ballavesne............	97	10	8
G. Le Dreux.......	10	16	8				
V. Le Guyader.....	12	10	»	P. Quemeneur, procureur du Mur....	100	»	»
G. Le Bihan........	12	10	»				
J. Tribara..........	12	10	»	La fabrique de Saint Melaine..........	166	13	4
H. et Y. Fouquet....	12	13	»				
F. Le Dourechus...	12	16	8	La confrairie de la Tri-			
G. Poulmic.........	12	16	8				

	l.	s.	d.		l.	s.	d.
nité	166	13	4	F. Le Gac	272	10	»
Plusieurs particuliers	113	12	6	J. Tournemouche, M.			
A. Coail	210	16	8	et J. Forget	293	6	8
T. Colin	223	6	8				
Veuve Morequin et enfants	243	6	8	Total	8066	17	8

Aux prétentions du gouverneur, qui soutenait que la capitainerie du Taureau dépendait de son gouvernement et voulait lever sur la ville un impôt pour les frais de guet et garde, les bourgeois répondirent victorieusement par l'exposé historique de la fondation du château et de leurs privilèges tant antécédents que subséquents. A l'enquête ouverte à cette occasion, on remarqua parmi les déposants, au nombre de trente-six, Claude et Guillaume de Boyséon, Jean Fleuriot-Guersaliou, capitaine de la ville de Lantréguier, lequel remarqua que si le roi se chargeait de la garde et de l'entretien du fort, il lui en coûterait 6,000 livres par an, sans compter les gages de la garnison : — *sire Yves Larmor, marchand et bourgeois de la ville de St. Paoul*, qui passant par Morlaix après le sac de 1522, l'avait *trouvé désert*, et qui attesta que tous les capitaines qu'il avait connus au fort étaient *négociants et habitants de la ville* : — sire Simon Jacques, marchand à Roscoff, *seigneur ppre d'un navire nommé le Lyon*, qui avait vendu deux canons à la ville : — sire Gabriel Siochan, marchand de Penpoull, bourgeois et *propriétaire de plusieurs navires, etc.* : — J. M. Le Roux, marchand, qui avait porté avec son bateau des pierres de Callot pour bâtir la forteresse : — etc, — Et intervertissant les rôles, ils accusèrent à leur tour le marquis d'être de la *religion pretendüe reformée* et d'avoir, dans les premiers troubles, porté les armes contre le Roi (76).

La ville gagna, et dans sa reconnaissance un peu partiale, elle servit à vingt-deux gentilshommes des témoins, un somptueux dîner dont voici le curieux menu : cent vingt-trois quarts de vin, deux veaux, un mouton et demi, trois chevreuils, trois lièvres, quatre couples de pigeons, quatre pâtés de venaison, six langues de bœuf, quatre cochons, quatre grandes pièces de bœuf salé pour entrées, deux jambons, quatre douzaines d'œufs, trois têtes de veaux, 40 sols de lard, pieds de mouton, beurre, volaille, etc., et pour 6 livres 10 sols de pain. Le porc coûtait alors 30 sols.

Il paraît que Mesgouez, battu par les voies légales, jugea à propos de recourir à la force : alors le maire appela à son secours la noblesse des environs. Une quinzaine de gentilshommes arrivèrent avec leurs *gendarmes* et leurs gens, et Mesgouez renonçant à ses velléités guerrières, entra volontiers en accommodement pour de l'argent. On lui paya 2,500 livres pour solde de partie de l'arrangement (1569) : les commis-

(76) Enqueste des 20, 21 et 22 aoust 1569, devant messire Guillaume Duchastel Sr. de Kersimon, chevalier de l'ordre du Roy, et M. Le Rouge, sénéchal de Lantreguier, commissaires.

saires et la solde des gentilshommes auxiliaires avaient coûté 1200 livres. Il en coûta 500 autres à la ville pour confirmation de ses privilèges sur ce point en 1572.

En 1593, un ancien maire, le trop fameux Duplessix-Kangoff reçut la garde du Taureau et refusa de s'en dessaisir à l'expiration de son année : il était parvenu à se faire craindre de la ville, à se rendre nécessaire au parti royal, et il pouvait espérer de s'y maintenir longues années. Rien ne peint mieux l'horrible et anarchique oppression de ce siècle en général et de la crise politique et religieuse en particulier, que cette longue histoire d'humble soumission d'un côté, d'outrageantes et ironiques vexations de l'autre : nous ne pouvons ici raconter trop longuement.

La ville croit le réduire en lui coupant ses gages : il fait prendre au hasard des habitants et les fait exécuter militairement, ou fait saisir leurs marchandises. Ainsi il enlève au maire deux pavillons pour le château; au sieur de l'Eau, vingt ballots de crées; aux sieurs Nouel, Ballavesne et Rigollé, pour 1,800 livres de toiles. Il fait arrêter le miseur, et en le relâchant il se fait par lui payer 28 livres, à savoir : 12 *pour avoir faict hostager ledit comptable, par un sergeant assisté de huit hommes*, et 16 *pour les despands* faits par lui durant sa détention. La ville, de guerre lasse, lui fit envoyer ses gages par des notaires, le miseur n'osant plus y aller : et la mission paraissait alors si chanceuse que les envoyés se firent payer pour quatre voyages la somme, excessive pour lors, de 28 livres (77).

Cependant l'ordre se rétablissait : et le Béarnais, malgré la confraternité qui faisait de lui le protecteur secret des puissants chefs de bandes de la Bretagne, Fontenelle, Tromenech, La Maignane et Kangoff, malgré la fameuse lettre adressée à ce dernier : *Plumez, plumez la poule sans la faire crier* (78), se voyait obligé, pour imposer silence aux murmures populaires, de faire respecter les lois trop longtemps mises à l'oubli. Kangoff dut se ranger, et en conséquence il rendit ses comptes, que nous résumons : c'est un modèle immortel d'impudente ironie, trop triste pour être bouffonne.

En recette : — le produit de la vente des vins et huile saisis à bord du navire la Magdelaine et vendus *faute du payement de l'augmentation de l'entretenement de la garnison*, 2363 livres 50 sols : — reçu de Jean de l'Eau, 427 livres provenant de la vente de ses marchandises, faite par lui Kangoff, comptable, *en vertu de ses pouvoirs :* plus 840 livres pour frais de *l'enlèvement et vente de ses marchandises, comme couste par le procès-verbal dont la datte du jour, le mois et l'année sont sortis de la memoire du comptable:* — 867 livres *dont demande excuse de ne pas compter pour ne les avoir pas reçus de Bernard Nouël qu'il*

---

(77) Comptes du miseur, passim.
(78) F. Gouin, notice historique.

fit enlever et jeter à St. Brieuc dans une prison d'emprunt.

En dépense : pour dîners donnés à des gentilshommes venus le visiter, environ 550 livres : — en articles disputés par la ville ou reçus sous son serment, 150 liv. — Frais d'emprisonnement et de détention de divers habitants de Morlaix et d'exécutions faites par ses gens, 950 livres : — frais de *montres* (notez que les délibérations de la ville se plaignent qu'il refusait d'en faire devant les commissaires), 20 livres : — en suppléments d'appointements qu'il prétendait avoir payés de ses fonds, à ses soldats, 2120 livres : — *deniers oubliez*, 1,000 livres : — ouvrages faits au château, provision, petite guerre, etc., 5,800 livres. Excédant de la dépense, 6970 livres environ. — Les détails de ce compte de dépense portent du vin en gros à *douze sols* le pot, la livre de biscuit à *trois sols*, le quintal de morue à *soixante-quinze livres*, la barrique de vinaigre à *quarante-six livres dix sols ;* le reste à l'avenant.

Le mois suivant (juin 1600) Kangoff annonce l'intention d'entrer en accommodement : on s'abouche chez le sénéchal, et Kangoff promet de rendre le fort et de tenir la ville quitte de son procès contre Perthevaux et consorts : le tout moyennant 17,400 livres, dont 2,400 pour les parties de la municipalité. On rassemble à grand'peine 480 livres dans la ville, *encores non du tout asseurés pour la carence de deniers qui lors estoit*, et l'on écrivit pour en demander ailleurs, quand Kangoff annonça tout-à-coup aux habitants qu'il prendrait leur argent mais ne rendrait pas le château : que cependant il les tenait quittes de tout ce qu'il pourrait gagner sur eux dans les divers procès qu'il avait avec eux : puis il demanda permission au maréchal de Brissac d'user de contrainte pour se faire payer la solde de la garnison. La ville fit parvenir ses plaintes au maréchal par ses députés Kret, Guillouzou et Kdoret qui lui représentèrent, outre les griefs ci-dessus énoncés, que Duplessix-Kangoff venait de faire prendre à son fils l'importante ferme des impôts et billots dont il ne payait pas un sol. Le syndic fit même emprisonner Kangoff fils : d'ailleurs, le père venait, durant les négociations, de faire emprisonner, dans Morlaix même, le miseur, auquel il demandait 4,434 livres sur l'année 1599 et 13,392 livres sur l'année 1600.

Bref, la ville paya à l'infatigable pirate 28,000 liv., et il sortit du fort la veille du jour (14 novembre 1604) où les habitants en reprirent possession après dix ans de détention illégale.

Nous renvoyons, pour la liste des gouverneurs, à celle que nous avons donnée des maires, qui en sortant de charge venaient, comme nous l'avons vu, prendre le commandement du château. En 1604, l'entretien du fort avec les frais de garnison revient à 4,700 livres : en 1605, 4500 (dont 200 de diners) :

en 1606, à 5100 (dont 150 de dîners) : en 1607, à 6282 livres 12 s., dont 400 livres de réparations, 29 livres 16 pour le pansement de deux blessés, et 128 livres *à un certain personnage pour espier les demandes qu'on faisoit en cour du gouvernement du chasteau.*

En 1610, la grosse tour du château s'écroula : Pierre d'Anjou, artilleur, disait en ce moment son rosaire « et fust couvert de ruynes, en telles façons toutesfois qu'elles se formerent en guise d'un petit dome tout à l'entour de luy, laissant un trou au haut pour luy servir de soupirail. Ayant esté longtemps en cet estat il advint qu'un des dogues du chasteau allant parmy ces ruynes, mit le museau à ce trou et sentant cet homme se mit a japper et a gratter la terre de ses pattes, ce que voyant les soldats, ils creurent que c'estoit le corps de ce pauvre homme qu'il avoit trouvé et estant allé voir que c'estoit, ils l'entendirent se plaindre, et ayant osté plusieurs charretées de pierres de dessus luy ils le trouvèrent en ceste grotte miraculeuse, le chapelet en main, remerciant Dieu et N. D. du Rosaire (79). » Ajoutons au récit du naïf dominicain, que la ville paya 100 livres pour trois mois de soins de Jean Corre, chirurgien, qui pansa Pierre d'Anjou de ses *blessures, brisures et fractures.*

Les réparations de la citerne coûtèrent 150 l. 3 s.

La dépense du fort monte, en 1612, à 5000 livres :

---

(79) Albert Le Grand.

— en 1616, à 7100 livres, dont 1470 pour les travaux de la tour écroulée en 1610 : — en 1617, à 9300 livres, dont 2100 environ pour la continuation de la tour. La garnison se composait alors d'un capitaine à 400 livres, d'un lieutenant à 300 livres, d'un enseigne à 200 livres, d'un chapelain à 144 livres, de deux maître scanonniers à 144 livres chaque, de vingt soldats et canonniers à 120 livres chaque, plus 4 livres 16 sols pour gratification du tambour, d'un portier à 132 livres, plus 51 livres 4 sols pour l'entretien des dogues : en tout 3,920 livres de personnel. — En 1616 François Larchiou, évêque de Rennes, natif de Plouézoc'h, célébra la messe au château.

En 1625, les dépenses du fort montèrent à 3,500 livres ; en 1626, à 6,000 livres ; en 1627, à 4,284 l. 16 s. ; en 1631, à 4310 l. 16 s. ; en 1635, à 8,200 l. ; en 1638, à 7,300 livres ; en 1640, à 19,000 l. ; en 1644, à 6200 l.

Olivier Nouel-Kmadéza fut le dernier capitaine du Taureau (1659). Une communauté marchande, propriétaire d'une importante forteresse construite et armée par elle-même, devait naturellement exciter l'attention des rois de France, et Morlaix allait se voir enlever pièce à pièce, par les Bourbons, tout ce que les Valois, après ses ducs, lui avaient donné. Le château, sur de misérables soupçons qui déguisaient mal le vrai motif, avait été enlevé momentanément à la ville en 1640 et en 1647 : en 1660, sous le prétexte des divisions intérieures de la ville, — d'un renouvellement de la fraude, — etc., M. de St. Jean-Beaucorps vint prendre possession de la place au nom du roi (22 février 1661). La ville l'avait possédé cent vingt ans.

Le gouvernement en fit une prison d'état, que La Chalotais a illustrée par sa détention. Les appointements des gouverneurs étaient de 10,000 livres : c'étaient, depuis St. Jean-Beaucorps, les marquis de Goësbriand, père et fils (1691-1744), et le comte de Saulx-Tavannes (1755).

TIRAGE DE LA MILICE.

Nous avons peu de lumières sur le mode de recrutement usité au dix-huitième siècle, le seul où Morlaix ait été soumis au tirage au sort : il paraît que les subdélégués d'intendance présidaient cette opération, et quelquefois le maire en était chargé. En 1726, elle eut lieu à Morlaix, probablement pour la première fois : en 1734, elle donna 35 hommes, les ouvriers de la manufacture y ayant été soumis : en 1735, 9 hommes : en 1739, 2 recrues : en 1740, 9 : en 1742, 20 ; et en 1743, 28 hommes (Daumenil).

III. ADMINISTRATION RELIGIEUSE.

PAROISSE SAINT MATHIEU.

Nous avons vu plus haut les origines de cette paroisse, qui fut d'abord à la fois une cure et un prieuré dépendant de l'abbaye de St. Mathieu-Finistère ou St. Mahé Fine-Poterne (Sancti Mathieu de Fine Postremo). A une époque indéterminée, le prieuré fut séparé de la cure : vers 1296, celle-ci perdit encore la confrérie de la Trinité, fondée dans son sein en 1110, et transportée par Jean II à sa collégiale du Mur.

La paroisse était limitée au midi par Plourin, de tous autres côtés par le Jarlo et le Queffieut : elle comprenait la Ville-Close, le faubourg St. Mathieu, les villages Valpinard, Kdaniel, Traonruz, Belizal, Spernen, Kneguez, le Château, l'Hospice, Toulgoët, Parcanduc, etc.

Vers 1491, l'église fut rebâtie et la dédicace faite en 1505, par Jean Calloët, évêque de Tréguier : le clocher fut bâti en 1547. On a judicieusement remarqué que cette époque a été en Bretagne celle de la renaissance de l'architecture religieuse, lorsque Anne de Bretagne, devenue reine de France, fit remplacer par de solides et durables constructions, les humbles églises de bois qui couvraient la province.

Avant 1790, le prieuré de St. Mathieu était seigneurie à fief, avec juridiction et four banal : il rapportait 1400 livres. La cure n'en rapportait pas plus de 500 : le prieur était en outre gros décimateur.

Le premier curé connu de St. Mathieu, est H. Cillart, *vicaire perpétuel* (1668) : viennent ensuite de Kret, prieur et recteur (17..), et de la Touche, recteur. — Pour procureurs nobles (marguilliers), Guillouzou de Trovern (1668), Chaperon : Moreau de Lizieux, lieutenant de la sénéchaussée.

PAROISSE SAINT MELAINE.

L'histoire de cette paroisse est, avec quelques changements de noms propres, celle de la précédente : prieuré dépendant de l'abbaye de Saint Melaine de Rennes et sécularisé on ne sait quand : un prieur gros décimateur avec fief, etc., et un revenu de 1600 liv., et un curé nommé par l'abbé de St. Melaine. Le *corps politique* (conseil de fabrique) était composé des notables de la paroisse, nommant le procureur noble qui restait en charge tant qu'il lui plaisait.

L'église fut rebâtie à neuf par les paroissiens, en 1489, ainsi que le témoigne une inscription tenue par deux anges, dans le portail du midi.

La paroisse comprenait toute la partie de la ville au nord-est du Jarlo, et dans la campagne, des villages de la Madeleine, Troudoustein (réunis à Ploujean au dix-huitième siècle), Roscongar, Kbuel, Penanru, la Fontaine-Lez, etc.

PAROISSE SAINT MARTIN.

Cette paroisse était, avant 1789, un prieuré dépendant de l'abbaye de Marmoutiers, de l'ordre de Saint Benoît : elle embrassait une vaste étendue de territoire que l'on pouvait diviser en trois parties :

St. Martin proprement dit (ou des champs), avec les maisons nobles et villages de Pennellé, Lannuguy, Kserchou, Bigodou, Breventec, Trochoat, Kgavarec, le Roudour, Kiven, Kvaon, etc., St. Germain, Cuburien. — Le tout divisé en trois *cordelées*, Le Bourg, Trochoat, Kiven :

Ste. Sève ou la trève, avec Trebompré, Kveguen, Penvern, Kret, Penanvern, Coatconval, Coatilezec, Kprigent, la Fontaine Blanche, le Plessix, etc. :

Enfin, la partie de la communauté de Morlaix comprise dans la paroisse, et que le Queffleut bornait à l'orient : elle comprenait le faubourg St. Martin ou Bourret, la Ville-Neuve, le Clos-Marant ou la Manufacture ; Traonarvilin, le Porzmeur, etc.

L'administration de cette église offrait ceci de particulier que le procureur noble ne restait que trois ans en fonctions : la première année il faisait la quête, touchait le casuel et faisait les réparations nécessaires :

la seconde, il percevait le revenu, et la troisième, il faisait la quête du St. Sacrement : il y avait, par conséquent, toujours trois procureurs nobles en fonctions à la fois.

Le revenu s'élevait, en tout, à 3,000 : il consistait en partie en vieilles maisons dont les réparations absorbaient la rente, dit Daumenil (80).

On s'occupa, en 1769, du projet de rebâtir l'église, et l'adjudication en fut faite pour 87,000 livres, dont un tiers au compte du prieur.

Les recteurs connus sont : Y. Noblet, prieur et recteur (1608) : R. de Poulpiquet, recteur (1668) : Dreux, prieur (1674) : Audren : J. de Koullas.

DOMINICAINS.

Nous avons rapporté au long la fondation de ce couvent, qui fut endommagé par la guerre de Blois et Monfort, et réparé par les soins de Charles de Blois. « Il donna aux frères prescheurs de Morlaix un arbre appellé *la Royne,* qui estoit dans sa forest du Vhelgoët, duquel arbre on eust pu construire trois manoirs : et malgré les murmures de ses gens, il ordonna à Yves de Guergorlé, garde de ses forests, de faire livrer cet arbre auxdits frères prescheurs (81). »

(80) Mss Dauménil, f. 382-407, *passim.*
(81) D. Morice, Actes de Bretagne, II, col. 23.

En 1481, la conduite des moines étant devenue trop scandaleuse, on les mit hors du couvent et on mit à leur place des religieux de la congrégation de Hollande. La ville se montra toujours très bien disposée en faveur de la maison : elle lui accorda pour réparations, en 1539, 200 livres, les deux cinquièmes de son revenu et plus tard des libéralités annuelles de 600 à 2,000 livres. Le couvent finit par chercher un droit où il n'y avait qu'une faveur, et quand le subside annuel même ne se payait pas, il intentait procès à la ville, qui se défendait mollement, et qui finit par lui payer, *par accommodement*, 3750 livres (1er février 1660). En outre il y avait une somme que l'on nommait *l'aumosne* et que la ville avait coutume de payer aux Dominicains à chaque élection de maire, elle variait de 60 à 100 et même à 120 livres, malgré un arrêté de la chambre des comptes (25 mai 1629), qui défendait à la communauté de faire aucune aumône aux religieux, sous peine d'amende : défense faite, à ce qu'il paraît, pour mettre un terme légal à de pieuses exigences. Les *aumosnes*, du reste, avaient cessé vers 1700.

Les pères ou syndics des Jacobins étaient des notables de la ville : ils étaient affiliés à l'ordre, participaient aux prières, et par reconnaissance, veillaient, comme l'on disait alors, *au bien temporel* du couvent, c'est-à-dire qu'ils se minaient volontiers en libéralités pieuses, dans lesquelles chaque syndic s'efforçait de surpasser celui qui l'avait précédé en attendant que son successeur le surpassât lui-même. « Cet usage s'est insensiblement aboly, dit Dauménil, qui professe peu d'estime pour les Dominicains et leurs affiliés : il n'y a plus de *pères* et peut-être qu'un jour il n'y aura plus aussi de *mères*.

Aujourd'huy les Jacobins n'ont guère de crédit que dans quelques maisons du mitoyen ordre des citoyens et parmi les sœurs du tiers ordre de St. Dominique(82). »

Nous n'avons pour prieurs de ce couvent que les F. F. J. Le Boullouch (1598), J. Toulgoët, M. Binard, T. Gaulthier, V. de St. François, F. de Ste Magdelaine, P. Gouicquel (1618-51) : — et pour *pères*, le sieur de Khamon, Y. Abyven, P. de Calloët, Oriot-Runiou (1607-68).

Les Capucins, les Récollets et les Minimes n'appartenant pas au territoire dont nous nous occupons exclusivement aujourd'hui, ne rentrent point dans le cadre de notre ouvrage (83).

CARMÉLITES.

En 1619, neuf religieuses flamandes, Carmélites

(82) Mss Dauménil, f. 408-415.
(83) Les Capucins, en Ploujean : les Récollets, en St. Martin des Champs : les Minimes, en Plourin.

déchaussées, arrivèrent à Morlaix où on les demandait, et mal reçues par l'évêque de Tréguier qui leur défendit le séjour de son évêché, elles passèrent dans celui de Léon, à l'hôtel Knaou, dans le faubourg de Bourret, où elles logèrent provisoirement. En 1620, on projeta l'établissement de leur maison sur la place St. Martin : mais la peste de 1623 les fit déguerpir de la ville et elles se retirèrent à Lesquiffiou, d'où elles gagnèrent St. Pol-de-Léon. Après un séjour assez prolongé dans le palais épiscopal, elles allèrent à Brest, d'où l'autorité supérieure les renvoya dans leur patrie, et l'établissement projeté avorta pour le moment (84).

En 1624, Mme de Kémar fonda au haut de la rue des Fontaines le couvent de Carmélites Thérésiennes qui existe aujourd'hui : il remplaçait un couvent de Ste Claire fondé *du consentement des habitants* (12 septembre 1566) : les habitants de Morlaix fondèrent aussi le nouvel établissement « pour remplir le vœu qu'ils avaient fait pour leur délivrance de la peste dont la ville était désolée et pour les préserver à l'avenir. »

En 1790, la maison contenait dix-huit religieuses, treize de chœur et cinq converses; elle avait un revenu de 3989 livres 16 sols, dont 420 livres sur le trésor, et 346 livres 5 sols 4 deniers sur les aides et gabelles : elle accusait 4402 livres 17 sols de charges (85).

---

(84) Ogée, v. *Morlaix.*
(85) Déclaration du 3 avril 1790.

SOEURS DE LA CHARITÉ.

En 1745, M. Prevost du Boisbilly fonda l'établissement des sœurs de la charité de Saint-Vincent-de-Paul, sur le produit des aumônes prélevées par le conseil de l'amirauté sur les prises faites pendant la guerre maritime, et comme ce revenu était très chanceux par lui-même, le fondateur y ajouta une rente de 161 livres sur ses propres revenus.

Ces sœurs étaient d'abord au nombre de trois, et étaient destinées à secourir à domicile les malades et les indigents des paroisses de St. Mathieu et de St. Melaine. Plus tard, la ville reconnaissant l'utilité d'un pareil établissement, en créa une quatrième pour la paroisse de St. Martin. En 1777, la rente dont nous avons parlé fut remboursée par la famille du fondateur : en 1790 elles furent momentanément supprimées.

URSULINES, CALVAIRIENNES.

La première de ces maisons date de 1640 : elle dut son origine à la famille Thépault de Tréfalégan. L'église et la maison couventuelle ne furent achevées que vingt ans plus tard (1661-64). En 1792, quand la nation s'empara de l'établissement, le couvent contenait dix-neuf mères de chœur et treize converses. — A la même époque, la maison des Bénédictines du

Calvaire, fondée en 1626 par la famille de Kven, contenait douze mères de chœur et sept converses : elle s'occupait, comme la précédente, de l'instruction des jeunes filles (86).

Ce couvent avait été la proie d'un violent incendie, qui éclata le 25 février 1636. Une sentinelle qui l'aperçut, s'empressa de crier au secours : on accourut, on enfonça les portes : le feu, après avoir dévoré les infirmeries, avait envahi le reste des bâtiments. Les Bénédictines étaient tellement effrayées par cet accident, qu'elles ne purent même trouver les clés : aussi tout l'édifice, tout le mobilier devinrent la proie des flammes : on ne put sauver que le saint ciboire et le crucifix. Les Calvairiennes se retirèrent à Coetserho et y restèrent jusqu'au rétablissement de leur maison.

COLLÉGIALE DU MUR.

Nous avons suivi la fondation et les premiers accroissements de cette belle basilique sous les ducs de Bretagne, qui ne la virent point achever. La tour, dont on s'occupait en 1426, n'était point achevée en 1533. L'orage du 11 juillet 1618, qui fut si violent *qu'on pensoit la fin du monde estre venüe* (87), enleva neuf à dix pieds de la flèche : on fit une quête publique pour la réparer.

---

(86) Déclarations nationales, etc.
(87) Albert le Grand.

Les deux cents livres monnaie assignées pour revenus à la collégiale par le fondateur, étant devenues insuffisantes, la ville songea plusieurs fois à les augmenter, et l'affaire, reprise huit fois dans l'espace d'un siècle seulement, fut brusquée en 1656 par le prévôt du Mur qui obtint du roi le quart des deniers d'octroi. Cette surprise indigna la ville, qui s'en plaignit aux états provinciaux. Le prévôt imprima pour sa justification un mémoire où il se comparait à Scipion, à Hannibal, à Philippes de Macédoine ; il se consolait de ses infortunes particulières en se rappelant celles de ces hommes illustres, et finalement il menaçait la commune de *l'indignation du ciel et de Dieu justement irrité contre elle de l'impiété de ses airs et de ce qui a été résolu contre sa gloire et le bien de son église.* Le doyen fit mieux : il tâcha de prouver de toutes manières que tous les moyens sont bons pour arriver à un but honorable, et se plaignait amèrement des machinations de l'esprit malin qui avait perverti l'esprit des habitants au point de les maintenir dans des résolutions aussi contraires à la gloire de Dieu.

On finit par s'arranger, nous ne savons comment. La collégiale était dans un état assez peu satisfaisant, s'il faut en croire les chanoines, et privée d'office canonial, *au lieu d'estre servie par des ecclésiastiques d'honneur et de mérite et par des chanoines bien reglez et bien entretenus.* L'âme attristée de cet état vrai ou supposé, le doyen Le Dizeul publia un mémoire qui fît du bruit (88) et où il promit à la ville, de la part de la Vierge, *tant de richesses et de nouvelles bénédictions sur le commerce*, que les seuls avantages temporels récoltés en cette vie compenseraient et au-delà tout ce que lui aurait coûté sa dévotion à la reine du ciel.

La ville accueillit favorablement la requête du doyen, et prit une délibération portant en substance : — que l'on supplierait le roi d'accorder sur les octrois un sol par pot de vin et trois deniers par pot de cidre, formant une somme de 2400 livres en supplément de fondation, plus 200 livres pour entretien et réparation de l'église : — que *pour assujétir davantage les dits chanoines* à l'office divin, on demanderait au roi que les portions de ladite église fussent sujettes à la picque au profit des assistants et que, dans la collation des bénéfices, prébendes et canonicats du Mur, les enfants de la localité fussent préférés aux étrangers. Comme la ville était alors écrasée de dettes, on décida que le supplément ne commencerait à être payé qu'après leur extinction, qui eut lieu en 1687. Jusque-là on avait payé aux chanoines la moitié du supplément pendant une douzaine d'années.

Les chanoines se montrèrent quelque temps satisfaits : ils revinrent en 1752 sur la question délicate

(88) *Éclaircissement apologétique du dessein de rétablir la fondation du Mur*, par Marc Le Dizeul, chanoine doyen du Mur. 1671.

d'une augmentation nouvelle, mais ce fut sans succès. Quelque temps auparavant, la ville et la collégiale s'étaient brouillées pour *le droit d'élection d'un sacristain*. Les chanoines cassent le sacriste nommé par la ville : aussitôt celle-ci intente un procès, allègue quatre-vingts ans de précédents, attaque le chapitre en spoliation des titres de la fabrique, tandis que le chapitre attaque la ville en production de faux titres : l'intendant de Bretagne assoupit l'affaire, qui se reprend un demi-siècle après et reste indécise ou à peu près, grace à l'arbitrage de l'évêque de Tréguier. — C'était à ces graves intérêts qu'en étaient descendues les fortes municipalités de la Bretagne sous la monarchie absolue du dix-huitième siècle.

Les chanoines du Mur (ils n'avaient ce titre que depuis 1629 : ils étaient auparavant chapelains), les chanoines, disons-nous, étaient des personnages importants : ils avaient le pas sur les recteurs des paroisses urbaines dans les cérémonies publiques, et leur revenu se composait, outre les dons par nous mentionnés, de 1,070 livres en argent et de 50 quartiers de froment : Louis XIV leur avait donné 1,000 livres pour six services annuels pour la feue reine mère, et ils avaient de plus le produit des aumônes qu'ils enlevaient à la fabrique (1725).

La fabrique avait 850 livres environ de revenu, et 340 pour le louage des chaises. L'administration temporelle appartenait à la communauté, qui nommait trois *procureurs nobles* tous les trois ans. Ces procureurs s'intitulaient aussi *gouverneurs*, titre qui fut attaqué vers 1760 par le prévôt comme *injurieux* à la majesté royale : ils servaient chacun à leur tour. Les premiers connus sont Yvon de la Forest du Roudour, Simon Guechar et Jean Forget, *gouverneurs de la chapelle de Notre-Dame-du-Mur* (1425-27).

Construite sur un rocher, au sommet duquel conduisait un large escalier de trente-deux marches avec balustrades à jour, l'église de Notre-Dame-du-Mur était irrégulière, peu spacieuse, mais haute, riche et ornée avec goût. On y admirait des galeries d'un beau travail, surtout celle du maître-autel, décorée des armes nationales : les vitraux remplis de sujets religieux et historiques : les six candelabres et les trois lampes d'argent massif, la plus grande brûlant sans cesse : elle avait été donnée, ainsi qu'un beau calice en vermeil, par la duchesse Anne. Le chœur était rempli de figures représentant des personnages historiques, des animaux et des figures grotesques : l'autel était soutenu par des colonnettes de marbre noir et rose, d'un remarquable travail.

On y voyait encore, outre un Christ et deux statues de saint Marc et de saint Louis, une magnifique statue de la Vierge, encore existante : elle est creuse, et en l'ouvrant on peut y voir un groupe représentant la Trinité, avec des peintures en émail sur les côtés, ressortant sur un fond rouge. La niche qui contenait cette statue était environnée d'ex-voto curieux représentant, qui un sacristain du Mur tombant du haut du clocher sur le rebord de la rivière sans se blesser ; qui un navire faisant naufrage et les marins sauvés par l'intercession de la patrone du lieu, etc.

Le clocher était octogone, haut de cent vingt pieds, sans compter la flêche à jour qui en avait elle-même avec sa croix de fer, cent quarante-trois : quatre jolis clochetons la flanquaient aux quatre angles. L'intérieur contenait quatre cloches, dont la plus grande était un don de la confrérie des *texiers* ou tisserands, plus la belle horloge à double cadran qui donnait à la fois sur la rue du Mur et la Poissonnerie, et qui carillonnait invariablement l'*Ave maris stella*. En 1569, le prêtre chargé de l'horloge la brisa, et il en coûta quinze livres dix sols monnaie pour la réparer. Les gages du prêtre qui avait le soin de l'horloge étaient comme ceux de l'horloger, de dix-huit livres : la ville y faisait les réparations fréquentes que nécessitait son entretien. En 1612, 90 livres : en 1668-69, près de 500 livres. Une horloge neuve, fondue aux Jacobins par J. Guillaume (1691), coûta pour la fonte seule, 3750 livres. En 1739, 1,640 livres de réparations.

La chaire fut refaite en 1610, par Jean Spagnol, et coûta 900 livres : les chanoines, chose inexplicable, empêchèrent pendant neuf ans, qu'elle ne fût placée dans l'église. Les orgues furent renouvelées en 1670, à la charge de la ville.

Le prévôt du Mur, seul dignitaire du chapitre, percevait par an un préciput de 150 livres : le premier connu est Pierre de Penhoët, archidiacre de Plougastel (1486), et le dernier Bahezre de Lanlay (1790) (89).

PRÉDICATEURS.

C'est un chapitre important et curieux comme étude de l'esprit local aux seizième et dix-septième siècles, que celui des prédicateurs annuels que la bonne ville aimait tant à entendre dans l'intervalle de ses affaires commerciales et de ses éternels procès. Avant la ligue elle avait établi au Mur des prédicateurs parlant français et devant *l'apprendre au peuple*. Leurs honoraires n'étaient point fixés : c'était, pour R. Chateneau, docteur en théologie, prédicateur du carême (1570), 120 livres monnaie : c'est le premier dont il soit question.

De 1590 à 1594, les prédicateurs sont ligueurs, et prêchent *par ordre de la Chambre de l'Union*. — Les années suivantes, les comptes de misere se répètent presque invariablement sous cette forme (1596) :

« A dévot religieux Samson B. docteur predicateur du caresme, 300 livres. — A frère Guillaume Boschu, son compagnon, 24 livres. — A Mlle Le Lay, pour la pension des deux religieux et un domestique, 165

---

(89) Dauménil, *passim*.

livres. — *Au sieur du Porzmeur, qui fit veoir le chasteau au prédicateur,* 5 *livres* 10 *sols.* — Pour le dîner donné le jour de son départ, 25 livres. »

Il y avait quelquefois des extraordinaires. En 1606, l'évêque de Tréguier prêche le carême en personne. La ville le choie et l'accable de politesses : elle lui fit présent d'une tenture de cuir doré revenant à environ 1,600 livres (monnaie du temps de Louis XV) : le total des frais monte à 3,000 livres environ.

Ce fut bien pis en 1611, que la ville obtint pour prédicateur du carême, le père Joseph, celui sans doute qui fut plus tard confident intime et tout puissant du terrible Richelieu ; enfant du pays d'ailleurs (Nouel de Kven de Guimaëc). Le maire avait écrit vingt-huit lettres coup sur coup pour *avoir un capucin*, et quand il l'eut obtenu, on fit prendre ses livres et ses paquets de Rennes ; par M. du Ruguellou. Laissons parler le caustique maire historiographe de Morlaix. — « Enfin, le R. P. Joseph s'ébranle, il se met en marche, il arrive à Rennes : il arrive, et soudain on dépêche de Morlaix un guide pour conduire sa révérence et pour empêcher qu'elle ne s'égare en route. Le guide à son arrivée trouva le révérend déjà parti ; il avait pris la route de St. Malo : on écrit vite au correspondant, on le prie de veiller à la sûreté du révérend père, et s'il veut venir par terre, de lui donner un guide. Le Père comptait confier à la mer le dépôt chéri des vœux de Morlaix. Les vents contrarièrent longtemps sa révérence et retardèrent la satisfaction de la ville. Enfin le prédicateur prit le parti de venir par terre. Conduit par son guide, déjà il est rendu au Ponthou, et aussitôt une députation solennelle court s'y rendre et le complimenter, accompagnée d'un nombre considérable de notables, de vivres et de rafraîchissements : c'est au milieu de toute cette pompe qu'il entre en triomphe à Morlaix accompagné du frère Archange, suivi et précédé de toute la communauté et de tout ce qu'il y avait de mieux en ville. Il va se reposer dans son logement : il avait été préparé de longue main avec toutes les commodités qu'une attention délicate peut imaginer : lits, matelas, oreillers, traversins, draps fins, et le tout neuf, bois, chandelle, cuisine complète, huile, vaisselle, rien enfin ne fut oublié, et les détails en sont consignés dans les comptes du miseur. Des garde-corps furent placés le long des escaliers.... L'histoire nous laisse ignorer si le prédicateur répondit par ses talents à une réception si brillante et à l'empressement qu'on avait témoigné pour l'entendre : tout ce qu'on sait, c'est que la communauté, revenue de son enthousiasme, chicana le miseur sur les dépenses qu'elle avait ordonnées, et qu'il y eut procès pour leur allocation : ce que l'on sait encore c'est qu'au cours actuel le prix d'un capucin est à meilleur compte. »

Ville marchande et bourgeoise avant tout, Morlaix aimait peu les prédicateurs, et les écoutait moins par goût que par habitude, par mode, par respect pour le *culté établi.* En 1612, la ville a un procès avec son prédicateur Fraschot et s'accommode avec lui *crainte des ruzes et malices dudit sieur Fraschot auprès de l'evesque.* L'année suivante la mode retournait aux capucins : on adressait trois députations à l'évêque, qui *donnait* à la ville le P. Estienne des Feuillatins : on choyait son provincial, on le régalait, on l'accompagnait au Ponthou avec *quatre pots de vin et un gigot de mouton*, et on lui montrait le château. Tout cet enthousiasme, du reste, déplaisait assez aux froides têtes de la Chambre des Comptes qui, en 1599, supprima cette dépense, « d'autant que c'est aux Recteurs et Curez de prescher la parolle de Dieu à leurs paroissiens, et que ceste nature de deniers n'est affectée à tel usage. »

Les citations suivantes nous donneront des lumières suffisantes pour compléter cette rapide étude.

1595. — « Baillé, suivant l'advis de party de MM. les habitants, 12 livres à M. Samson Birette, pour sa peine d'estre venu en ceste ville pour s'assurer de la chaire pour le caresme. »

1600. — Le théologal de Tréguier vient à Morlaix pour retenir la chaire, avec une lettre de l'évêque pour les habitants : on lui délivre un reçu de sa lettre, « attendant la conferer auxdits sieurs habitants. »

1602. — L'évêque de Léon écrit aux habitants et leur demande la station du carême pour le sieur Benedicty.

1616. — A Criber, greffier, « qui avait esté durant les advents advertir aux bonnes maisons de la ville ceux qui debvoient fournir les disners et collations au predicateur, » 2 livres 8 sols.

1617. — A Jean Leleyla, piéton, *pour ses sallaires et despances* d'un voyage fait à Tréguier pour la communauté qui désirait une mission de MM. du chapitre dudit lieu « pour les advant et caresme de l'année presente. »

1642. — Le R. P. Provincial des Recollets remontre *que c'est leur rang suivant l'ordre de MM. les habitants* de prêcher les avent et carême prochain, et invite la communauté à *adviser dessus*. Les habitants demandent en conséquence à l'évêque de Tréguier qu'il confère sa mission pour l'avent et le carême à un Père recollet du couvent de cette ville.

Depuis le milieu du dix-septième siècle, on voit les habitants perdre ou abandonner volontairement leurs droits au choix d'un prédicateur : l'évêque le nommait depuis régulièrement, les Recollets et les Capucins gardant toujours à tour de rôle la station de la dominicale (90).

(90) Dauménil, ch. XXIII, *passim*.

TOPOGRAPHIE DE LA VILLE : ACCROISSEMENTS, EMBELLISSEMENTS.

VILLE-CLOSE : REMPARTS : PORTES ET PONTS ; — SAINT MATHIEU : — LE MARCHALLACH : TRAONLEN : TRAON-BLOCHOU : — LE JOYAU : — LES VIGNES : SŒURS SAINT DOMINIQUE : SAINTE MARTHE : — SAINT MELAINE : HÔTEL DE VILLE : PLACE DE L'ÉPERON : GRANDE PLACE : FAUBOURG PLOUJEAN : SAINT NICOLAS ; LA MADELEINE ; TROUDOUSTEIN ; PONT POULIET : — SAINT MARTIN : SAINT AUGUSTIN : CLOS-MARANT : LA MANUFACTURE : BOURRET : LA ROCHE : — CHEMINS ET BANLIEUES : FONTAINES : PALUES.

Dans les premiers chapitres de cette histoire, nous avons montré Morlaix bourgade féodale et se développant péniblement à l'ombre du château ducal qui la domine. Elle n'est encore, à cette époque, qu'un étroit rectangle serré par une forte ceinture de murailles au-delà desquelles s'épandent en liberté des faubourgs, bras longs et grêles qui s'élargissent, prennent du corps et finissent par former une seconde ville autour du noyau primitif. Puis viennent successivement la guerre civile et l'invasion étrangère, avec les *rafflées* et les pirateries, la nécessité de mettre à l'abri des premiers coups de main la cité ouvrière qui se forme : de nouvelles lignes d'enceinte s'élèvent en dehors des premières, et Morlaix présente le singulier exemple d'une ville marchande élevant et entretenant à ses frais des fortifications dignes d'une place frontière.

Voilà le point où en était Morlaix, avant et sous la ligue : deux cents ans après, les choses avaient si peu changé qu'un même coup d'œil nous suffira pour apprécier la topographie de la ville à ces deux époques si distinctes.

Nous avons parlé de la ville-close, ou la ville proprement dite au temps où les autres quartiers n'étaient que des bourgs détachés de la cité. Les remparts prenaient, au nord-ouest, au confluent du Jarlo et du Queffleut, tiraient vers le Pont-Notre-Dame où était la porte du même nom, formaient un angle droit à l'entrée de la rue d'Aiguillon, remontaient le Jarlo jusqu'à la place du Dossen et tournaient derrière l'église Saint Jacques en formant à l'angle un gros bastion. Ce côté communiquait avec les faubourgs par trois portes : celle du Pavé à la cantine Duvigneau (Tour-d'Argent), celle des Vignes, un peu plus haut, et celle de la Prison en tête de la rue du même nom. Du bastion du Dossen, les murailles rejoignaient les deux tours dites de Saint Yves, à la porte du même nom, passaient derrière le Mur, seule portion bien conservée des anciens remparts : puis elles allaient rejoindre le confluent des deux rivières, en laissant sur cette partie deux portes, de Bourret et du Four du Mur.

Ces remparts, de sept cent trente mètres environ de périmètre, étaient entourés de tous côtés des eaux de la rivière, navigables aux bateaux jusqu'au Dossen, le barrage du Moulin au Duc étant d'une date peu éloignée. L'église du Mur, les Halles, la Prison, la chapelle Saint Jacques, étaient dans la ville close : on y comptait les rues Notre-Dame, du Pavé, du Mur, des Nobles, Saint Yves, du Four, de la Prison et la Grand'Rue.

Nous ne possédons rien de précis sur la chapelle Saint Jacques, située quartier des Halles ; on a voulu en envelopper les origines dans les histoires apocryphes sur l'introduction du christianisme à Morlaix, et la faire remonter au deuxième siècle (91), assertion à laquelle il serait ridicule de s'arrêter.

Neuf ponts de bois formaient la communication de la ville-close aux faubourgs : leur position est peu connue. C'étaient sans doute les sept ponts situés à l'entrée des sept portes de la cité, plus un pont inconnu et le pontceau dit Pont-Vorn, à côté de celui de Bourret. Ce pont tomba en 1672, et rien n'indique qu'il ait été relevé. De 1598 à 1684 la ville dépensa 45,000 livres de notre monnaie pour ses remparts et ses ponts : douze cent soixante charretées de pierres avaient été à cet effet extraites des perrières du Spernen.

De tous ces ponts, celui de Bourret semble avoir été le seul assujetti à un péage. Les propriétaires en étaient, vers 1725, les sieurs de Rosanpoul, de Gaspern et du Valpinard, lesquels furent appelés à le réparer « comme ils en sont tenus à cause des debvoirs

---

(91) Ogée, v. *Morlaix.*

et coustumes qu'ils levent sur ledit pont aux foires de ladite ville. » En 1736 le sieur de Ksauson ayant refusé de faire les réparations d'usage, la ville lui fit cesser l'exercice de son droit et releva le pont en pierres.

Les faubourgs St. Mathieu et le Marcheix (Marc'hallac'h moderne : ce dernier mot signifie *marché* en breton, comme le premier en vieux français) se développaient au sud-est de la ville-close ; on y comptait les portes suivantes : — la Porte Traonlen, au pont de ce nom : du Marchallach : de Saint Mathieu : de la rue Haute, au sommet de cette rue : de la place au Lait, en face de cette place : de Toul-an-Parc ou du chemin de Saint Fiacre, de la rue des Brebis, à l'entrée de la rue du même nom.

Ces faubourgs ont très peu changé depuis le seizième siècle : on y comptait comme aujourd'hui les rues des Brebis, Toulanparc, Haute, Basse, des Bouchers ; les places Saint Mathieu, au Lait et Marchallach. Ils s'appuyaient, à l'ouest, à l'enceinte du château ducal, et à l'est, au petit ruisseau du Queun ou de Parcan-duc, qui alimentait un étang et selon toutes les apparences, une usine dont on a retrouvé les débris. Aussi la petite place qui l'avoisinait s'appelait-elle Traonlen (Val de l'Étang).

Le Marchallach a peu changé depuis le quinzième siècle, et c'était sans doute dans son enceinte que se tenaient les quatre foires qu'avait le duc « en la dite » ville de Mourlaix, savoir : la première est la prin-

» cipale des dites foires, au lundi prochain après la
» pentecouste, qui s'appelle la foire de Mourlaix, et
» a celle foire huit jours avant et huit jours après toutes
» les coustumes de la dite ville de Mourlaix, tant à
» cause de la chair, que du pain, bestes vives et au-
» tres denrées ; le dit devoir, appelé le tolleau, chait
» en la main du duc et en reçoit le devoir d'iceluy le
» fermier des quatre foires, en doublant iceux devoirs
» et coustumes sur tous marchands, excepté sur les
» nobles et gens privilégiés pour la provision de leur
» maison et les bourgeois et habitans dudit lieu de
» Mourlaix, les queuls ne paient rien du dit devoir
» du dit tolleau. » La même réformation nous parle
des prévôts du duc, chargés de la police, *du gouvernement et de la justice* des foires, *en tous les cas qui escheoient de nouvel durant ledit tems.*

Nous avons déjà parlé de l'église Saint Mathieu : ajoutons que le clocher actuel de cette église, élevé en 1548, était orné d'une horloge dont la lanterne fut démolie en 1780, parce qu'elle surchargeait trop cette partie du bâtiment. — Derrière l'église, près de la chapelle Sainte Marguerite, était la maison de retraite, fondée à ce qu'il paraît, vers 1675, par le P. Maunoir et F. Jagu, recteur de Saint Mathieu (92) : elle était destinée à des retraites religieuses pour les fidèles des deux sexes.

(92) Dictionnaire d'Ogée (édition Marteville), *v. Morlaix.*

Au-delà du ruisseau de Traonlen, les plus anciens titres mentionnent le village de Traonbloc'hou ou Tuonblouchou (rue de la Fouasserie), qui fut reconnu après enquête appartenir à la communauté, et comme tel être soumis à la *demande d'aoust* ou contribution perçue par le trésor ducal (1455) (93). Nous avons déjà dit que la partie de la paroisse Saint Mathieu qui s'avance au pont Bohast n'appartenait point alors civilement à la commune de Morlaix.

A l'extrémité opposée se montrait l'ancien château ducal, devenu, nous l'avons vu, propriété particulière dès 1670. Vingt ans plus tard on y installait le joyau ou jeu de papegault, dont voici l'histoire.

Dès l'instant que les milices communales furent appelées à jouer un rôle dans les guerres si fréquentes du duché breton, les souverains durent naturellement favoriser les exercices militaires qui devaient leur former un bon noyau d'infanterie légère. De là l'origine des tirs à l'arc ou l'arbalète et plus tard à l'arquebuse, nommés *joyau*, *quintaine* ou *jacquemart cassetête*, à Morlaix. Les vainqueurs jouissaient de brillants privilèges : *le roy du cassetête* avait, au quinzième siècle, cinquante sols monnaie ou trois livres tournois : le *roy de l'arc*, exemption de droits d'impôts et billots pour cinq pipes de vin vendues en détail, et celui de *l'arbalestre* pour dix. François Ier confirma les privi-

(93) Réformation du domaine ducal (v. plus haut, § II).

lèges de la ville, et décida que le roi de l'arc aurait la franchise de tous droits d'entrée, ports et havres, impôts et billots, pour le débit de dix pipes de vin l'année de sa *royauté :* celui de l'arbalète, pour vingt, et celui de l'arquebuse, pour trente (94).

Le papegault (espagnol *papagayo,* perroquet,) était, durant la ligue, affermé par la ville à des gentilshommes du pays pour un prix moyen de 120 livres tournois. En 1633, les jésuites en étaient, on ne sait comment, propriétaires : ils l'exploitaient si bien, qu'ils ne laissaient pas même de fonds pour parer aux frais des comptes. Ils en furent dessaisis quelque temps après, et les privilèges de la ville furent confirmés (1669).

En 1695, le marquis de Goësbriand, gouverneur de la ville, refusa de payer aux abatteurs de l'oiseau les mille livres à prélever sur les impôts et billots affectés presque en totalité au paiement de ses honoraires. On vit alors un fait digne de remarque : trois rois de l'oiseau (1695-97), trois hommes du peuple, selon toute apparence, osèrent intenter un procès au marquis, et jeter dans la balance, contre le nom et l'immense crédit du tout puissant gouverneur, leur bon droit, leur persévérance bretonne et les privilèges de la cité. Ils plaidèrent vingt-un ans, et, chose non moins inouie que leur audace, ils gagnèrent (95). Les jeux furent réta-

(94) Lettres patentes (27 août 1538).
(95) 30 Décembre 1718. — 7 Mars 1719 (arrêt et lettres patentes).

blis en 1719, et l'un d'eux fut encore le roi de cette année. Ces trois hommes se nommaient Germain Juhel, de Saint Melaine, Guillaume Boissel, et Pierre Le Rous : ces noms méritent d'être conservés.

Vers cette époque, les ouvriers de la manufacture plaidèrent pour être admis au tir : les habitants leur disputèrent ce droit, sous prétexte qu'il n'était pas juste que des hommes qui n'étaient pas soumis au service de guet et garde participassent aux mêmes avantages que les autres, surtout dans un jeu institué pour exercer au maniement des armes. Le juge du débat se prononça dans ce sens.

Le joyau se tirait avec beaucoup de solennité : la cible était dans les derniers temps un bouclier ou rondache; le vainqueur était proclamé roi séance tenante, ramené chez lui en triomphe, et le dimanche suivant conduit à l'église du Mur, où l'on chantait une messe solennelle et un *Te Deum :* et le jour où finissait la royauté, il était conduit de même au lieu du tir. Il y avait dîner, collation, et le roi devait donner des écharpes de soie bleue aux officiers de la communauté.

Les règlements portaient que le joyau se tirerait au mois de mai : que l'on n'y admettrait que des habitants de la ville reconnus pour tels, inscrits d'avance à l'hôtel de ville : que les deux prévôts du joyau seraient nommés par les *connétables et anciens rois* convoqués à la mairie par le procureur du roi de la commune : que les chevaliers auraient une arme à eux et tireraient l'épée au côté : que ceux qui se présenteraient ivres à la mairie ou au tir subiraient deux jours de prison et seraient exclus du joyau de l'année : que les gens exclus du tir ne pourraient porter d'armes dans la ville, sous peine de confiscation de leur arme et de quatre jours de prison (96).

Au-delà du château s'étendait le *Bois du Prévôt* (Coadic ar Provost), et plus loin le manoir de Belizal : puis, adossé à la limite sud-est de la communauté, le vaste Parcanduc, lieu de plaisance des ducs de Bretagne, d'une contenance de six cent quatre-vingt-huit arpents (97).

En passant le Jarlo, nous entrons sur le territoire de Saint Melaine, où nous comptons trois faubourgs distincts : Viniec ou des Vignes, Saint Melaine et Ploujean.

Le premier avait cinq portes : celles des Ursulines, de Saint Dominique, deux de Sainte Marthe, du Créou : cette dernière datait de 1674. Les rues de Bréhat, des Vignes, des Fontaines, du Fil, de Crécholy, de Sainte Marthe et du Pélican, formaient ce faubourg : cette dernière devait son nom à la fameuse auberge du *Pélican Royal*, située où est aujourd'hui la gendarmerie. Les places Belair et Viarmes, ainsi nommées de l'intendant de Bretagne Pontcarré de Viarmes, sous

---

(96) Dauménil, 316-327. — O. Legall, *Morlaix et ses environs.* — Comptes de miserie, etc.

(97) Réformation du domaine (1455).

l'intendance duquel elle fut créée après l'incendie de 1731, y étaient comprises avec les couvents des Dominicains, des Carmélites, des Ursulines, Ste Marthe, le collége, la maison des sœurs Saint Dominique et l'hôtel Kerloaguen, incendié il y a une trentaine d'années.

La maison des sœurs du tiers-ordre de Saint Dominique (aujourd'hui l'école mutuelle), appartenait à la ville : elle fut fermée par la révolution. Elles y tenaient un externat pour les jeunes filles du peuple, et n'étaient pas cloîtrées. — La chapelle Sainte Marthe, au-dessus des Carmélites, avec un cimetière qui est devenu celui de la ville en 1790.

N'oublions pas l'hôpital-général, formé en 1686 de la réunion de l'Hôtel-Dieu et de l'Hôpital, ce dernier situé dans la rue des Fontaines, et l'autre où se trouve aujourd'hui la place Viarmes. A l'époque de la réformation du domaine ducal, ces deux établissements existaient séparés : ils furent réunis par une ordonnance de Louis XIV. Nous avons déjà parlé de l'incendie de 1731, occasionné par un fou qui avait eu l'imprudence de jeter sur de la paille un tison dont il venait de se servir pour allumer sa pipe : cette catastrophe coûta la vie à plusieurs personnes, mais la ville lui dut la formation de son plus beau quartier (98).

La rue des Fontaines avait encore une autre curio-

---

(98) *V. Hospice.*

sité : c'est sa fameuse Croix de la Lanterne, où l'on entretenait constamment une bougie allumée. C'était l'autel de Vesta des traditions locales : du jour qu'elle s'éteindrait, Morlaix devait disparaître dans les eaux de la mer. Cette tradition, dont les équivalentes ne manquent pas sur le littoral breton, s'est oubliée depuis que la révolution a renversé la croix et éteint sa lanterne.

Le faubourg de Saint Melaine etait fermé de deux portes : l'une à l'entrée du port, l'autre près du Moulin au Duc, avec une grosse tour. Cette porte s'écroula en 1670 et coûta 140 livres de réparation.

Formé par les rues Saint Melaine, du Four Saint Melaine, des Prêtres, la rampe Saint Melaine et la Grand'Place, ce faubourg renfermait l'église Saint Melaine, la maison des sœurs de charité, le moulin au duc, moulin banal de la commune, et l'hôtel de ville.

Morlaix ne possédait point de maison commune avant le dix-septième siècle : on donnait auparavant ce nom à l'habitation du maire en charge, et c'est ainsi qu'en 1522 les archives de la ville, déposées chez le maire D. Calloët, disparurent dans l'incendie de la maison. Plus tard, le Mur ou la chapelle Saint Jacques servirent aux réunions du corps municipal : ce ne fut qu'en 1608 que l'on songea à l'édification d'un hôtel de ville. Cette année l'adjudication en fut faite à l'architecte Le Bricquir, pour 60,000 livres, et la première pierre en fut posée le 14 juin 1610, au milieu d'une fort belle fête.

En 1612 Le Bricquir meurt, et son fils est chargé de la continuation de l'ouvrage. Les travaux marchaient, entravés par de futiles et inexplicables discussions. Aussi les octrois fondaient-ils autant en frais de procédure qu'en frais de construction. Le bois se tirait de l'Armorique, de Plestin ; le granit de Callot : la moindre fourniture était l'objet d'expertises et de toisés qui ne finissaient pas et n'avançaient à rien. En 1616, 40,000 livres étaient déjà gaspillées : en 1623 on y travaillait encore. Du reste, il n'a jamais été parfaitement achevé. Vers 1680, la communauté en louait une partie à la sénéchaussée, moyennant un revenu de 256 livres.

Avant la construction de l'hôtel de ville, l'angle formé par les deux rivières était occupé par une petite place de vingt à vingt-cinq pieds de longueur, formant un trapèze dont le plus petit côté s'appuyait au port. Cette place, où les négociants morlaisiens s'assemblaient pour parler d'affaires, se nommait place de l'Éperon : des poteaux armoriés en décoraient les quatre coins, et le Pont au Pichon la joignait à Saint Melaine.

En 1600, on revêtit le quai de pierres de taille devant la Porte-Notre-Dame : c'était un premier embellissement. Ce fut le 16 août 1728 qu'eut lieu la pose de la première pierre de la grande place actuelle. Ce fut une fête splendide : il y eut distribution d'argent, et deux barriques de vin coulèrent pour les menus plaisirs du public.

On ne sait à quelle époque s'éleva le curieux quartier des Lances, mais il paraît que cette longue ligne de maisons qui le composent a été bâtie à des époques successives et éloignées. Vers 1686, le commissaire royal accorde une dispense d'imposition aux propriétaires des Lances, pour les indemniser des frais que leur a occasionnés la construction de leurs maisons et la sape des rochers auxquels elles sont adossées. En 1730, une contestation s'élève entre les sieurs Duplessix-Quemeneur et Crambroug, parce que le premier veut garnir de lances une maison qu'il possède sur le quai Tréguier, ce qui bouchera la vue du côté de ses voisins. La communauté lui reconnaît le *droit de lances*, sauf les droits *du roi et des propriétaires voisins*.

Le faubourg de Ploujean, où l'on voyait le Calvaire et la fontaine du même nom, avait trois portes, deux au-dessus du Calvaire, une au-dessous : c'est tout ce que nous avons à y signaler.

Saint Melaine-Campagne était le plus vaste des trois quartiers ruraux : on y voyait Saint Nicolas, la Madeleine, le manoir de la Fontaine-au-Lait et le pont du Pouliet : ce dernier n'était qu'un mauvais pont de bois assez singulièrement célèbre dans les traditions administratives de Morlaix. Le miseur de la communauté voulait-il faire approuver par la cour des comptes un article de dépense un peu irrégulier ? Vite on remplaçait le véritable motif de la dépense en question par le titre spécieux de réparations du Pont-Pouliet, et l'administration supérieure, à laquelle ce nom était aussi inconnu que peu suspect, approuvait sans observation. Grace à *ce tour assez plaisant*, une mince passerelle en bois a coûté à la ville, en quelques années, environ 20,000 livres.

La chapelle Saint Nicolas, qui n'existe plus, appartenait à la ville et avait un *gouverneur* pris dans le corps communal : le cimetière dont elle était accompagnée servait aux sépultures du culte réformé.

A peu de distance, dans une saine et jolie position, s'élevait un village dont les maisons de bois conservent encore leur antique physionomie : c'est la Madeleine, dite aussi la Maladrerie. C'est là qu'étaient relégués les lépreux, ladres, cacous ou caqueux, qui semblent avoir eu leur cimetière à Sainte Marthe. La profession traditionnelle de ces petites peuplades proscrites a formé jusqu'à nos jours la principale industrie de ce village : en 1770, il était presque exclusivement habité par des cordiers, des tonneliers et des muletiers.

Troudoustein, qui a toujours généralement fait partie de Ploujean, en spirituel et en temporel, a-t-il été momentanément réuni à Morlaix? Nous trouvons à l'année 1756, une délibération de la communauté (99) qui décide pour l'affirmative : quoiqu'il en soit, vingt-cinq ans plus tard, un mémoire manuscrit anonyme

(99) Registre des délibérations, 1756, f. 16.

nous dit expressément qu'il est hors des limites de la banlieue. Voici à quelle occasion ce village se forma. En 1730, pendant que l'on bâtissait la manufacture royale des tabacs, l'établissement avait eté provisoirement transféré à Penanru. Les logements des ouvriers se groupèrent au pied du versant nord de la colline, et quand le manoir de Penanru fut abandonné, le village n'en continua pas moins à croître rapidement. En 1780, il comptait 250 habitants : cette prompte augmentation n'a rien d'étonnant quand on songe qu'il était à la fois faubourg de ville et en dehors des banlieues, exempt par conséquent de l'ennuyeux et pénible service du guet et garde (100).

Sur le coteau opposé s'étendait Saint Martin, fractionné en deux faubourgs d'inégale étendue : la Villeneuve et Bourret.

La Villeneuve avait une porte, celle de Sainte Catherine, qui fut réparée en 1674 : elle était limitée au nord par le Clos-Marant, fangeux réceptacle de la partie la plus crapuleuse de la population morlaisienne. Ce clos avait sans doute une étendue supérieure à celle de la manufacture qui l'a remplacé, du moins le nom de Penarmuriou que portent deux maisons situées à quelque distance vers la hauteur, pourrait le faire conjecturer.

La Villeneuve proprement dite était cette suite confuse

(100) Mémoire manuscrit (1780).

de maisons et de jardins qui s'étendaient depuis le Clos-Marant jusqu'à la tête du port, et que dominaient les hauteurs de la Roche Coroller, franchise communale souvent disputée à la ville. Celle-ci y avait installé le joyau dont nous avons déjà parlé : aussi la population de Morlaix y tenait-elle beaucoup et s'émouvait-elle vivement toutes les fois que des prétentions étrangères menaçaient sa propriété. En 1602, le propriétaire s'étant permis de la clore sans permission, fut condamné par la ville à défaire les clôtures : une autre fois les buttes où se tirait le joyau ayant été contestées par un particulier, la commune transféra le tir à quelques pas de là. Cet exemple enhardit sans doute un troisième, le sieur de Poulras, *plaideur déterminé* mais malheureux, dont les chicanes n'aboutirent qu'à une confirmation des privilèges de la cité. En 1692, le joyau fut définitivement transféré à la Roche. La porte de la Roche fermait l'entrée de la ville de ce côté.

Le quartier Saint Martin proprement dit, ou Bourret, défendu par les portes du Porzmeur, du Prieuré, de Bourret, entre Bourret et le *Fardel :* de la rue Courte, au bas de cette rue, renfermait, outre l'église Saint Martin, la chapelle Saint Augustin, *gouvernée* par un membre du corps de ville, et dans la campagne, les manoirs de Porzmeur et du Roudour.

Tel était l'aspect des quartiers ouest de Morlaix en 1704, époque où l'on y projeta les premiers embellissements. Ces projets, du reste, n'eurent aucune exécution ; mais en 1727, la compagnie des Indes ayant acquis le Clos-Marant pour y former un entrepôt, l'attention de la commune se reporta sur la Villeneuve. Pendant que le Clos-Marant changeait sa destination première et devenait une magnifique manufacture (1730-36) entretenant en 1780, environ sept cent cinquante ouvriers, attirés par un bon salaire et l'assurance de ne point manquer leur paie accoutumée en temps de maladie, — un nouveau quartier sortait de terre, et au lieu d'une belle place primitivement projetée, on avait créé un quai orné d'une ligne d'élégantes maisons, et d'une belle balustrade en fer depuis la première calle jusqu'au bas de la rue de la Villeneuve, aussi de récente ouverture (1730-59). On avait été obligé, pour en venir là, de raser trente-quatre maisons et jardins qui venaient auparavant s'appuyer immédiatement au quai.

Nous avons, dans cette esquisse topographique, omis de parler en leur lieu, des fontaines publiques de la ville. Les principales étaient celles du Calvaire et des Jacobins, la première encore existante : leurs réparations coûtèrent à la ville, durant le dix-huitième siècle, des sommes énormes. Ainsi, pour la seule année 1684, la dernière coûta 1500 livres. En 1537, Alain Le Barbu et Isabelle Kbridou avaient donné dix-huit livres monnaie de rente pour son entretien. Celle du Stivel, agrandie en 1617, vainement disputée à la ville en 1669 par le sieur de Kmabon, reçut en 1734 un treillis en fer pour la préserver des immondices, et trois ans plus tard, un dôme qui coûta 400 livres. Ce treillis était nécessaire, car la fontaine était en 1702 tellement encombrée d'ordures que la source s'égara. Un projet de 1687 pour la création de quatre fontaines avec un fonds de quinze à vingt mille livres, était resté sans exécution : vers 1767, on créa à la Villeneuve la lourde fontaine de Flesselles.

Les voies de communication qui existaient en 1700 dans la banlieue de Morlaix, étaient toujours telles que nous les avons décrites à l'année 1455, sous les ducs : les routes de Rennes, de Lannion, de Plouégat-Gallon, de Ploujean, de Bohast ou Plougonven, de Carhaix ou Plourin, de Pleiber-Christ ou Quimper, de Brest et de Saint Pol-de-Léon. Un seul fait donnera une idée de l'état de ces chemins : quand les présents envoyés à Louis XIV par le roi de Siam arrivèrent par Brest à Morlaix, il fallut en quelque sorte ouvrir une nouvelle route par la Villeneuve, faire des percées et des talus qui coûtèrent à la commune des sommes considérables. Le coche, qui mettait trois jours à venir de Brest à Morlaix, entrait par la rue Bourret, traversait la ville de l'ouest à l'est et sortait par la rue des Vignes et celle de Bréhat, il suivait l'étroit *Hent bras Cos*, affreux chemin creux qui passe aux Tourelles et à Trividy.

Le duc d'Aiguillon, devenu gouverneur de la Bretagne, créa cet immense réseau de routes royales destinées dans l'origine à servir de routes stratégiques. Les cinq routes de Lannion, Paris, Brest, Carhaix et Saint Pol-de-Léon, lui durent naisssance (1744-61). Les plus grandes difficultés se présentèrent aux environs du *Grand-Monarque*, où la sape pénétra dans le roc vif à une profondeur de vingt pieds. Ce ne fut toutefois que plus de vingt ans après, que le voyage de Brest à Morlaix put se faire *en un jour* par les voitures publiques. — En même temps les petites routes communales, celle de Pleiber-Christ ou de l'hôpital par exemple, devenaient l'objet de travaux sérieux et considérables.

Nous terminerons cette esquisse, trop légèrement traitée peut-être, par quelques mots sur les nombreuses palues qui couvraient de temps immémorial les deux rives de la rivière, étroit et sinueux chenal alors d'une navigation difficile et féconde en désastres : le 27 décembre 1535, par exemple, une barque pleine de monde sombra devant Cuburien, et presque tous les passagers périrent (101). Les palues Trebez, Lannuguy, Saint François, Marant, Pennelé (19 journaux) sur la rive gauche, celles de Quirio, Nécoat, Kanroux, Koziou (26 journaux) sur la droite, formaient, en 1727, d'immenses vagues excessivement insalubres, dont toutes les marées venaient couvrir l'épais limon :

(101) Ogée, v. *Morlaix.*

elles furent afféagées à la ville par le domaine, moyennant dix livres par an, la ligne d'eau des grandes marées de l'équinoxe formant la propriété cédée, et par elle partiellement afféagées, en 1775, à M. de la Fruglaie, qui en a fait de magnifiques prairies. Le champ de bataille, vaguement projeté en 1704 par l'ingénieur Garengeot, occupa l'emplacement de la palue Marant : et pour compléter les travaux du port extérieur, on commença en 1772 ce magnifique chemin de halage du quai de Tréguier, pour lequel, cette année, les états réunis à Morlaix avaient voté 72,000 livres. En 1774, les travaux languissaient : sur des rapports de M. Poterel-Maisonneuve, inspecteur des travaux publics et de l'allée Terray, la cour permit à la municipalité d'emprunter 60,000 livres pour activer les embellissements du port. (102)

(102) On peut voir pour tous ces détails, les nombreux documents déposés aux archives de Morlaix, sous les titres : *Travaux du port. — Palues. — Chemins de halage*, etc.

FIN.

www.ingramcontent.com/pod-product-compliance
Lightning Source LLC
Chambersburg PA
CBHW050342170426
43200CB00009BA/1700